DOM BOSCO
FUNDADOR DA FAMÍLIA SALESIANA

Robert Schiélé

DOM BOSCO
FUNDADOR DA FAMÍLIA SALESIANA

5ª edição – 2013
3ª reimpressão – 2023

Dados Internacionais de Catalogação na Publicação (CIP)
(Câmara Brasileira do Livro, SP, Brasil)

Schiélé, Robert
  Dom Bosco : fundador da Famíla Salesiana / Robert Schiélé ; [tradução Silvio Neves Ferreira]. – 5. ed. – São Paulo : Paulinas, 2013. – (Coleção testemunhas. série santos)

  Título original: Petite vie de Don Bosco
  ISBN 978-85-356-3603-1

  1. João Bosco, Santo, 1815-1888 2. Santos cristãos - Biografia I. Título. II. Série.

13-08535   CDD-282.092

Índice para catálogo sistemático:
1. Santos : Igreja Católica : Biografia   282.092

Título original da obra: *Petit vie de Don Bosco*
© Desclée de Brouwer, Paris, 1992.

Direção-geral: *Flávia Reginatto*
Editora responsável: *Celina H. Weschenfelder*
Tradução: *Sílvio Neves Ferreira*
Coordenação de revisão: *Andréia Schweitzer*
Revisão: *Leonilda Menossi e Marina Mendonça*
Direção de arte: *Irma Cipriani*
Gerente de produção: *Felício Calegaro Neto*
Editoração eletrônica: *Everson de Paula*
Fotos: *Leonard Von Matt D. R.*
Capa: *Dom Bosco em Turim (1880)*
© *Arquivos Salesianos, Roma*

Nenhuma parte desta obra poderá ser reproduzida ou transmitida por qualquer forma e/ou quaisquer meios (eletrônico ou mecânico, incluindo fotocópia e gravação) ou arquivada em qualquer sistema ou banco de dados sem permissão escrita da Editora. Direitos reservados.

Cadastre-se e receba nossas informações
www.paulinas.com.br
Telemarketing e SAC: 0800-7010081

Paulinas
Rua Dona Inácia Uchoa, 62
04110-020 – São Paulo – SP (Brasil)
📞 (11) 2125-3500
✉ editora@paulinas.com.br
© Pia Sociedade Filhas de São Paulo – São Paulo, 2001

1. A juventude

O colegial acrobata

Estamos em uma manhã de quinta-feira do ano de 1832, na pequena cidade de Chieri, no Piemonte. Os jovens estão alvoroçados, acabam de sair da aula de catecismo dos padres jesuítas. Um jovem do colégio lançou um desafio ao saltimbanco acrobata que está instalado na praça Sant'Antonio. Ele o aguarda de pé, com as pernas bem firmes, os cabelos negros e encaracolados, o olhar atento. Seu adversário tem cerca de vinte e cinco anos; ganha a vida com seu teatro de bonecos, seus números de ilusionismo e algumas acrobacias que realiza de vilarejo em vilarejo. Ele foi desafiado para corrida, salto em distância, malabarismo com um bastão e subida em árvores. Os dois, acompanhados por um grupo de curiosos que seguem seus passos, dirigem-se para a estrada que leva a Turim.

Apostam vinte moedas na corrida. O jovem vence sem dificuldade o seu rival. Humilhado, o acrobata profissional aposta mais quarenta para quem atravessar o ribeirão com um salto. O grupo desce por uma rua transversal. Na margem oposta de um agitado riacho que corta a parte baixa da cidade, uma mureta protege os jardins. O saltimbanco toma impulso, voa em direção à outra ribanceira, mas, faltando pouco para ali chegar, cai na água. Quando chega a sua vez, o jovem salta e, tomando impulso na mureta, reaparece do outro lado, saudado pelos aplausos daqueles que o incentivavam.

Para o malabarismo com o bastão, apostam-se vinte e quatro moedas. Dessa vez, é o estudante quem começa. Seu chapéu surge na ponta do bastão, salta de um dedo para outro, de sua mão passa para o queixo, para a bochecha, para o nariz, depois volta para as pontas dos dedos. O saltimbanco, que se julgava mestre nesse jogo, infelizmente não estava em seu melhor dia. Quando o bastão passa do queixo para a bochecha, em um movimento em falso, talvez devido ao nariz comprido, o bastão cai.

Irritado, o homem propõe cem moedas para quem subir mais alto no pinheiro mais próximo. Novamente o acrobata profissional é o primeiro a começar. Desaparecendo na folhagem, reaparece lá no topo, que se curva sob seu peso. Como fazer melhor?

É a vez do jovem estudante. Além de ágil, o rapaz é também esperto. Ao chegar no topo da árvore, abraça o galho e se coloca de cabeça para baixo. Seus pés ultrapassam a altura alcançada pela cabeça de seu adversário. Os rapazes o aplaudem com hurras de vitória. Ele havia ganhado do começo ao fim. Porém, o rapaz tinha também um bom coração. Com o dinheiro das apostas, convida o saltimbanco e alguns amigos para um almoço no restaurante da cidade. Comeram à vontade; gastaram apenas vinte e duas moedas. As restantes foram devolvidas ao perdedor.

Aquele jovem audacioso, atlético e generoso é aluno do terceiro ano do 2º grau no colégio municipal. Tem dezessete anos e chama-se João Bosco.

Um jovem camponês obstinado

No ano de 1830, a unificação italiana era então apenas um sonho de alguns patriotas. Em 1815, o Congresso de Viena havia restabelecido na península as divisões do século XVIII, que Napoleão, imperador dos franceses, havia outrora abolido. Do sul ao norte, situava-se o reino das Duas Sicílias, tendo Nápoles por capital; os Estados da Igreja, dominados por Roma; o grão-ducado da Toscana; os ducados de Módena e Parma; a Lombardia e a Venécia sob o protetorado austríaco; e, por fim, a noroeste, os Estados sardos, que compreendiam a Savóia, o Piemonte, a Ligúria com Gênova e a ilha da Sardenha. Turim, a principal cidade do Piemonte, era também a capital do reino sardo. Chieri, pequena cidade piemontesa, localizava-se nos Estados sardos.

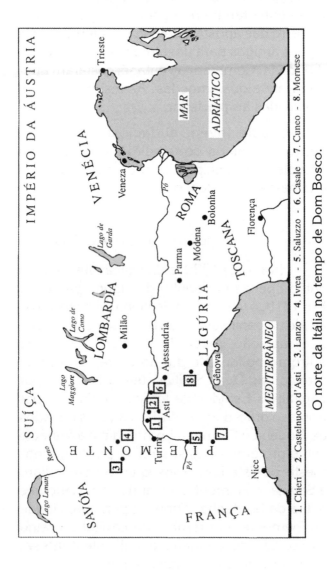

O norte da Itália no tempo de Dom Bosco.

1. Chieri - 2. Castelnuovo d'Asti - 3. Lanzo - 4. Ivrea - 5. Saluzzo - 6. Casale - 7. Cuneo - 8. Mornese

João Melquior Bosco nasceu no dia 16 de agosto de 1815, a cerca de vinte quilômetros da cidade de Chieri, mais precisamente no lugarejo de Becchi, no município de Castelnuovo D'Asti. Segundo o costume, foi batizado no dia seguinte, na igreja paroquial. Seu pai chamava-se Francisco; sua mãe, Margarida Occhiena.

Os Bosco eram pequenos agricultores, donos de uma minúscula propriedade e de alguns animais. Eles pertenciam a uma categoria social então em constante progresso nas colinas de Montferrat. A pequena família compreendia, além dos pais: um rapaz de nome Antônio, filho de um casamento anterior de Francisco; José e João, filhos do casal; e a mãe de Francisco, que morava com eles.

A felicidade daquele modesto lar desapareceu bruscamente no dia 12 de maio de 1817, quando uma pneumonia tirou a vida de Francisco. Joãozinho foi retirado à força do quarto do falecido. Ele não tinha ainda um ano e nove meses de idade. "Pobre filhinho, não terá mais o papai", disse-lhe sua mãe. Essa seria a mais antiga recordação de sua infância.

Era preciso viver e sobreviver. Margarida assumiu sozinha uma tarefa particularmente difícil. Mulher simples e forte, ela a enfrentou. A vida de seus três meninos era igual a dos filhos dos camponeses da região: comer, beber,

A casa na qual João Bosco morou em sua infância. Fotografia de 1919.

dormir e brincar num terreno pequeno, receber um esboço de alfabetização, e, o mais cedo possível, trabalhar na roça. Assim, João percorria os campos, descobria ninhos de passarinhos, divertia-se com seu cão, colhia frutas silvestres, vigiava os animais ou as aves domésticas, ajudava na vindima e na colheita.

Ele adorava liderar o grupo de meninos da aldeia, inclusive seu irmão José, apesar de ser mais velho que ele. As situações difíceis não o assustavam. Um dia, com alguns ovos de chapim debaixo da camisa, viu-se de repente pendurado pelas mãos num galho de árvore, a sete ou oito metros de altura. "Segure-se, segure-se", gritavam lá de baixo seus companheiros. Era o que ele queria, mas acabou caindo. Os outros correram, pois julgavam que tivesse morrido. Mas ele, tendo a queda aparada por um monte de terra fofa, levantou-se apenas atordoado. Voltou para casa com os ovos quebrados na camisa. Não contou nada à sua mãe, mas passou alguns dias com febre, o que causou certa preocupação.

A idéia de dedicar seu tempo aos outros surgiu — diria ele mais tarde — quando não tinha ainda cinco anos. Aos nove anos, um sonho lhe ensinou o método que viria a usar, que não era compatível com o seu gênio forte, pois costumava resolver os conflitos a socos e pontapés e voltava para casa com a camisa rasgada e os joelhos sangrando.

11

Segundo sua versão do sonho, tal como a repetiria até seus últimos dias, encontrava-se entre diversas crianças que riam, brincavam, mas também blasfemavam. A blasfêmia era um vício comum na Itália desse tempo, e os mais novos gostavam de imitar os adultos. João havia aprendido de sua mãe a respeitar a Deus, Jesus e os santos, a começar pela Virgem Maria.

Ele avançou contra os blasfemadores, ordenou que se calassem e deu-lhes alguns socos para que entendessem o recado. Um homem de aspecto bondoso surgiu de pé ao lado dele e disse-lhe. "Não é com socos, mas pela ternura e caridade que você deverá ganhar amigos". Os garotos haviam parado de discutir e tinham-se aproximado do homem. "Eu vi, então, ao lado dele", contaria João, "uma senhora com um longo manto. Os meninos haviam desaparecido. No lugar deles, uma multidão de animais ferozes. 'Eis o seu campo de ação', disse a senhora. 'Conserve-se humilde, forte e decidido. E tudo o que você vê acontecer a esses animais deverá fazer por meus filhos.' Olhei em volta: cordeiros haviam substituído os animais ferozes. Perguntei à senhora o que poderia significar aquilo. 'Você compreenderá tudo a seu tempo', respondeu ela, colocando a mão sobre minha cabeça". João estava com nove anos, mas aquilo o levou a refletir.

João tinha aprendido a ler. Quando, no inverno, as famílias do povoado se reuniam para descansar num estábulo, o rapazinho lia para elas as histórias fantásticas dos reis da França, as aventuras extraordinárias de *Bertoldo* e *Bertoldinho* ou aquelas da bela *Maguelonne*. Desembaraçado e esperto, quando chegava a primavera, ele inventava pequenas representações teatrais, divertidas e instrutivas.

"Acreditem-me", diria ele mais tarde, "aos onze anos eu realizava números de ilusionismo, executava saltos perigosos, fazia malabarismos, andava de cabeça para baixo. Eu dançava em cima de uma corda como um acrobata profissional".

Como desejava ser padre, antes do espetáculo, ele costumava repetir o sermão que o padre fizera no domingo anterior. Depois, vinham os números de ilusionismo, aprendidos, às ocultas, de algum ilusionista de Castelnuovo. Ele contava as histórias e por fim dançava sobre uma corda estendida entre duas árvores. Seus companheiros e alguns adultos presentes o aplaudiam. Joãozinho encerrava sua apresentação com uma ave-maria.

Seu meio-irmão mais velho, Antônio, que tinha dezoito anos em 1827, não o apreciava. Analfabeto como a maior parte dos camponeses da região, fanfarrão, avarento, de uma energia selvagem para o trabalho da terra, para ele ler e escrever pareciam futilidades prejudiciais ao rendimento doméstico. — Ao trabalho, meu velho! — e desarrumava os poucos livros de Joãozinho.

Era preciso decidir-se.

Manhã de fevereiro de 1828. Aos doze anos, João parte para assumir a função de empregado numa fazenda próxima a Castelnuovo. Ali permanece vinte meses. Ele guarda os animais, leva os bois para puxar o arado, ajuda em casa, mói os grãos etc. Mas mantém os seus hábitos. Lê muito e, no inverno, reúne no palheiro os rapazes e as moças do lugar para as histórias, o catecismo, os números de ilusionismo e algumas acrobacias. A fome do saber o atormenta e o torna pesaroso.

No Dia de Todos os Santos de 1829, ajudado por um tio, ele retorna enfim a Becchi. Recém-chegado, João participa de uma pregação de um jubileu organizado na paróquia de Buttigliera. A cidade de Buttigliera localiza-se ainda hoje, com seu gracioso campanário quadrado, sobre uma colina próxima a Castelnuovo.

Uma noite, no caminho de volta, o velho capelão de Murialdo, paróquia à qual Becchi pertencia, não reconhecendo o jovem de catorze anos que caminha com o grupo, começa a interrogá-lo. Lembrava-se ele de alguma coisa dos sermões? João consegue repetir-lhe um sermão inteiro.

Margarida (1788-1856), mãe de Dom Bosco

O capelão reconhece nele um jovem desejoso do sacerdócio. No dia seguinte, mãe e filho souberam que o capelão oferecera-se para que João viesse morar na casa dele. As primeiras lições de latim começam imediatamente.

Padre Calosso torna-se assim, de uma só vez e ao mesmo tempo, o pai, o mestre e o benfeitor de João Bosco. "Era o meu ídolo", confessaria ele mais tarde. "Eu lhe abria meu coração. Perto dele comecei a sentir o que é uma vida espiritual."

Infelizmente, essa felicidade não durou muito. Numa manhã de novembro de 1830, o rapaz encontra o velho padre deitado em seu leito, vencido por um ataque cardíaco. Padre Calosso só teve forças para confiar-lhe a chave do pequeno cofre onde guardava suas economias. Ele as teria legado a João? Em todo caso, quando os herdeiros chegaram, João não recebeu nada e se viu novamente sozinho. "Eu chorei, inconsolável!", diria ele. Ele chorava um amigo, ele chorava seu infortúnio.

Um estudante esperto

Margarida tomou então uma decisão importante. Antônio, que completara vinte e um anos, recebeu sua parte da herança e uma moradia separada. Ela manteve em casa seus dois filhos. João pôde por fim, aos quinze anos, começar realmente seus estudos secundários. A escola pública de Castelnuovo permitia-lhe regressar para casa todas as noites; mas aqueles poucos meses que passou em 1831, com um mestre incompetente e entre garotos que zombavam do jovem magricela e desengonçado em que se transformara, foram perdidos para ele. Matriculou-se, então, no colégio de Chieri e para lá se mudou no dia 4 de novembro de 1831.

Aquele colégio era um externato. João teve de procurar um lugar para se alimentar e se alojar. Inicialmente, conseguiu hospedagem na casa de uma conterrânea, amiga de sua família que, em contrapartida, lhe pediu para dar aulas aos seus filhos. Isso durou dois anos. Então, um amigo abriu um bar e lhe deu emprego. À noite, Bosco contava os pontos no bilhar e ajudava a preparar os refrescos ou os doces. Tarde da noite, ia deitar-se num colchão de palha colocado embaixo da pequena escada no interior do bar. Ali, ele lia.

De manhã bem cedo, acontecia-lhe acordar com um livro aberto nas mãos, perto de uma vela de sebo consumida. Depois de um ano de hospedagem naquele bar, um alfaiate ofereceu-lhe um lugar em sua cocheira, com a condição de que ele cuidasse bem de sua égua. Sempre ávido de saber, nosso colegial aproveitou-se da profissão do patrão para aprender corte e costura de roupas simples.

Havia seis classes secundárias no colégio de Chieri: uma preparatória, três de gramática, uma de humanidades e uma de retórica. Era essencial aprender latim. Entre 1831-1832, de um trimestre para outro, João foi aprovado sucessivamente no preparatório, no primeiro e no segundo ano de gramática.

No reinício das aulas, em 1832, ele estava no terceiro ano de gramática. Sua memória excepcional o ajudava. Ele lembrava tudo o que lia ou escutava. Mais tarde, João contaria que, certo dia, em que havia esquecido seu livro de texto, ele tinha explicado e traduzido uma página de Cornelius Nepos apenas com uma gramática latina à sua frente. O professor, percebendo a artimanha, disse:

— Sua memória é excelente, cuide de fazer bom uso dela.

Ele havia assim, rapidamente, compensado seu atraso e, pouco a pouco, atingia o nível dos alunos de sua idade.

A partir do segundo ano em Chieri, daí em diante totalmente à vontade, João Bosco dedicou-se às atividades que lhe eram caras. Criou com seus amigos a *Sociedade da alegria*. Os estatutos eram simples: "Nada de palavras ou atos que pudessem envergonhar um cristão; fidelidade aos deveres escolares e religiosos; e alegria em todas as situações". Ou, melhor dizendo, jamais ficar triste! Em companhia de seus amigos, em algumas quintas-feiras Bosco caminhava através dos bosques até Turim. Cantavam em voz alta, corriam, comiam um pedaço de pão e retornavam cansados e felizes.

Nessa época, dois jovens marcaram a vida de Bosco. O primeiro foi um judeu, que ele conheceu na casa de um livreiro, também judeu, que lhe emprestava livros. Jonas era um grande apreciador de música e de canto. Bosco o convenceu a receber o batismo cristão. No dia 10 de agosto de 1834, como comemoração pela conclusão do ano de humanidades de Bosco, Jonas foi solenemente batizado na igreja paroquial de Chieri.

O outro amigo sincero de Dom Bosco no colegial foi Luís Comollo, que, profundamente cristão, de natureza dócil, tímido e reservado, em nada se assemelhava a João Bosco. Este o havia descoberto na sala de aula, numa manhã em que os alunos, em grande balbúrdia, esperavam por um professor que se havia atrasado. Luís era incapaz de divertir-se com as brincadeiras agressivas de seus colegas. Certo dia, levara um tapa e não se defendeu. Então, João agarrou um menino e o arremessou contra os que importunavam Comollo.

— Tua força me assusta — disse-lhe este em voz baixa. Ele já havia lançado quatro por terra. Luís tinha uma piedade exemplar, enquanto a de João era mais comum.

— Aprendi com ele a viver como cristão — diria mais tarde Dom Bosco.

Quando chegou o outono de 1834, João Bosco foi admitido na classe de retórica. Era o momento de escolher seu caminho. O clero diocesano, que ele considerava distante, longe dos jovens e exposto a toda sorte de tentações, não o seduzia mais. Por que não tentar a vida religiosa?

Foi bater à porta dos franciscanos, que tinham uma importante comunidade em Chieri. O Convento da Paz registrou seu pedido de admissão. No dia 28 de abril de 1835, seu nome foi escrito no registro dos postulantes, acompanhado da menção: *Habet requisita et vota omnia* (Possui todas as qualidades requeridas e obteve todos os votos).

No entanto, João hesitou em dar esse passo. Pediu conselhos a Comollo e ao tio deste, que era padre. Ao final de uma novena a Nossa Senhora das Graças, rezada com seu amigo, ele optou pelo seminário diocesano.

João Bosco no seminário

Os estudantes de Chieri conheciam o grande prédio do seminário, que se via de todos os pontos da cidade, com uma fachada imponente e muros escuros. Segundo o desejo do arcebispo de Turim, Chiaverotti, aquele velho convento da congregação do Oratório tornou-se, depois de quinze anos, centro de formação dos futuros padres da diocese. O uso da batina era indispensável. No dia de são Miguel, 29 de setembro de 1835, o pároco de Castelnuovo entregou-a a João durante uma breve cerimônia.

João Bosco passou sete anos no seminário de Chieri: dois anos cursando filosofia e cinco, teologia. O internato era obrigatório e o regulamento do dia-a-dia era de tipo monástico: levantar às cinco horas, depois meditação, missa, rosário, café da manhã em comum, aulas etc. Tudo era dividido em quartos de hora pelo soar do relógio, que era, segundo os superiores, a "voz de Deus". *Afflictis lentae, celeres gaudentibus horae* (Lentas para os corações tristes, as horas passam rápidas para os corações alegres), proclamava uma inscrição perto de seu mostrador.

Os primeiros contatos com o seminário não encantaram o estudante Bosco. As horas se alongavam, ou melhor, se arrastavam. Ele procurou o professor de filosofia, um certo padre Ternavasio, que simplesmente o aconselhou a "cumprir rigorosamente os seus deveres". A isso ele se entregou o melhor que podia.

O principal dever era o estudo. Porém, todos concordam ao afirmar que as especulações de filosofia e de teologia escolástica pouco atraíam o clérigo Bosco. "Habituado no colégio à leitura dos clássicos, acostumado às imagens da mitologia e das fábulas pagãs, eu não encontrava nenhum prazer nas coisas ascéticas", confessaria ele mais tarde. "Até as obras dos santos Padres — ou seja, dos Padres da Igreja — me pareciam ter sido produzidas por espíritos limitados". Era evidente que o curso de teologia especulativa, imposto pelos professores, lhe interessava ainda menos. Mas a ele bastava ler ou até mesmo ouvir a exposição de um tratado para reter o essencial. Sua memória registrava tudo. Assim ele removia facilmente os obstáculos.

Os superiores e professores de Chieri eram relativamente jovens: lá havia sete padres de trinta e cinco a quarenta e cinco anos de idade. Devotados a seus alunos, mantinham-se, contudo, distanciados deles. "Se um deles", afirmaria Dom Bosco, "atravessasse o pátio durante o recreio, os seminaristas afastavam-se rapidamente". E acrescentava: "Esse comportamento atiçava meu desejo de me tornar padre o mais cedo possível para me aproximar dos meninos, ajudá-los e responder às suas dificuldades".

No seminário, os colegas constituíam seu público natural. Líder nato, logo no seu primeiro ano de filosofia foi eleito presidente de uma espécie de diretório acadêmico. Suas decisões eram "sem apelação". Convinha, provavelmente, não discuti-las, porque o seminarista Bosco era muito irascível. No seminário, ninguém era mais propenso à irritação do que ele, afirmaria posteriormente um dos seus condiscípulos da época, João Giacomelli, que foi seu confessor nos seus últimos anos de vida. Como aluno e seminarista, João Bosco provou ter um temperamento não apenas arrebatado, mas violento.

Luís Comollo, que, em 1836, também foi para o seminário, refreava e acalmava Bosco.

"Bem-aventurado quem tem um amigo", repetiria ele. Durante sua preparação para o sacerdócio, Comollo contribuiu para o progresso moral e espiritual do seminarista Bosco mais do que todos os mestres do seminário. Juntos, os dois amigos reviam as lições, discutiam longamente, oravam na igreja; nas férias, eles se reencontravam. No entanto, suas concepções religiosas não se harmonizavam totalmente. Comollo professava uma espiritualidade rigorista. A salvação eterna o atormentava. Para merecê-la, o discípulo de Cristo deveria carregar sua cruz. Se a vida não a oferecesse, era preciso fabricar uma.

As privações de Luís eram "estupendas" na percepção de João, que, um dia, iria escrever sobre a vida do amigo. A quaresma inteira a pão e água... Mas ele transmitia paz, para o bem de um amigo que se irritava facilmente. As penitências de Luís debilitavam o seu organismo frágil e predisposto à tuberculose. O regime austero do seminário acelerou seus efeitos. Comollo previa seu fim para breve. Os dois amigos, a quem o problema de saúde preocupava, firmaram um estranho pacto: quem morresse primeiro informaria o outro a respeito de seu destino. Luís morreu no dia 2 de abril de 1839, durante o segundo ano de teologia de João Bosco. Na noite seguinte, no dormitório dos seminaristas, João pôde reconhecer a voz do amigo que lhe dizia: "Bosco! Bosco! Estou salvo".

Nem a filosofia nem a teologia especulativa preenchiam as horas de estudos do seminarista Bosco. Ele preferia as ciências religiosas positivas, muito pouco cultivadas nos seminários dessa época. Ele leu a Bíblia com notas e comentários, de padre Calmet; leu a enorme História da Igreja, do advogado Henrion; aprendeu grego e francês e iniciou-se no hebraico.

Durante os quatro meses de férias, João voltava a Becchi: colhia trigo, trabalhava nas videiras, malhava o ferro, cortava lenha, reunia os jovens e fazia excursões. Tinha necessidade de agir e de trabalhar. Seu modo de vida nem sempre correspondia ao ideal do clero tridentino, que seus mestres procuravam inculcar-lhe. Um dia, quando estava caçando, correu atrás de uma lebre e matou-a com um tiro. Com o barulho do disparo, seus amigos acorreram e o encontraram "envergonhado, sem batina, com um chapéu de palha na cabeça. Eu tinha a aparência de um bandido, e isso a cinco quilômetros de minha casa". Na volta, abandonou definitivamente sua espingarda.

Em 1840, o tempo de seminário de Bosco chegou ao fim. O arcebispo o havia dispensado do quinto ano de teologia, que deveria ser substituído por alguns estudos no período de férias. Ele foi nomeado "prefeito", "o mais alto cargo que um seminarista poderia pretender", diria ele. Seus mestres, convidados a dar um parecer a seu respeito nas vésperas de sua ordenação, qualificaram-no como "zeloso e destinado a ser bem-sucedido". No dia 6 de junho de 1841, o diácono Bosco recebeu o sacerdócio na capela do arcebispado de Turim. Quatro dias depois, a população de Castelnuovo se reuniu com grande júbilo para sua primeira missa solene. João Melquior Bosco, o antigo empregado de uma fazenda, que não conseguia saciar sua fome de saber, seria chamado, daí em diante, Dom Bosco[1].

"Ensinar a ser padre"

Três cargos foram oferecidos ao novo padre Bosco: preceptor numa família rica de Gênova, capelão em Murialdo, lá onde havia conhecido padre Calosso doze anos antes; e, por fim, vigário em sua paróquia de Castelnuovo d'Asti. Seguindo os conselhos de padre Cafasso, um sábio conterrâneo que teve grande influência em sua vida, ele optou por uma situação muito diferente e matriculou-se no colégio eclesiástico de Turim.

José Cafasso, natural também de Castelnuovo d'Asti, era professor de moral naquele instituto de formação pastoral do clero. Ali, os padres eram iniciados em suas tarefas de diretores espirituais, de pregadores e de confessores. Apesar de seus méritos, o se-

---
[1] "Dom" é o título que se dá aos sacerdotes na Itália. (N.R.)

minário daquela época ignorava a verdadeira aprendizagem do trabalho sacerdotal. Pressupunha-se que os padres iriam aprendê-lo posteriormente, no exercício de seu ministério e por meio dele. O colégio eclesiástico ensinava a "ser padre", escreveu Dom Bosco. Os alunos, geralmente internos, reencontravam, em um antigo convento de frades menores ao lado de uma igreja dedicada a são Francisco de Assis, um modo de vida próximo àquele que tinham conhecido no seminário. Mais flexível, seu regulamento favorecia, no entanto, a meditação e o trabalho pessoal. O horário previa duas palestras por dia sobre moral, cada uma delas seguida de discussões a respeito de fatos concretos; a primeira, no fim da manhã, a segunda no final da tarde. Dois eminentes sacerdotes encarregavam-se das explanações. Luís Guala, o superior, então com setenta anos de idade, havia contribuído para a fundação do Colégio em 1817. Em teologia moral, ele seguia os ensinamentos de santo Afonso Maria de Ligório, cujas obras se impuseram pouco a pouco à catolicidade do século XIX. A moral ligoriana confrontava-se com a de Turim, uma linha de idéias diferentes, mais rigorista, chamada algumas vezes de jansenista.

José Cafasso, de trinta anos de idade, era assistente de padre Guala. O aspecto franzino, nada atlético, não tornava atraente esse jovem padre frágil e corcunda. No entanto, seu sorriso, sua amabilidade e desde então sua experiência conquistavam os alunos padres. João Bosco o escolheu como seu diretor espiritual. Uma novidade para ele, porque, afirmaria mais tarde D. Bosco, até então ninguém havia seriamente dado atenção a ele. "Depois de seis anos [padre Cafasso] era meu guia; ele tornou-se meu diretor espiritual; se fiz algo de bem em minha vida, é a ele que o devo", diria mais tarde Dom Bosco.

Cafasso, não satisfeito em ensinar a função pastoral, também a praticava: catequese dos noviços, visita às prisões, acompanhamento dos condenados à morte e, certamente, pregações religiosas e confissões assíduas. O jovem padre Bosco começou seu apostolado seguindo a linha de seu mestre, padre Cafasso. Perto do colégio, padre Cafasso havia organizado no ano anterior reuniões para formação catequética em um pequeno espaço junto à igreja de são Francisco de Assis.

Em 1841, pouco depois de seu ingresso naquele colégio, no dia da festa solene da Imaculada Conceição de Maria (8 de dezembro), Dom Bosco preparava-se, na sacristia de são Francisco, para celebrar a missa, quando entrou um rapaz. O sacristão perguntou-lhe se poderia ajudar na missa que iria começar. O rapaz disse que não. O sacristão, furioso, pôs-se a gritar e quis expulsar o menino, ameaçando-o com um espanador. Dom Bosco acalmou o sacristão, dizendo que o menino era seu amigo.

Depois da celebração, Dom Bosco soube que o jovem era natural de Asti; era aprendiz de pedreiro, órfão de pai e mãe, não sabia ler nem escrever e jamais havia comungado... Confessado? Sim, mas havia muito tempo. Aliás, jamais freqüentara catecismo. Por que não começar logo? Dom Bosco orientou-o para que fizesse o sinal da cruz e lhe disse algumas palavras a respeito de Deus Criador, do homem e de seu destino. Depois, naquele dia da festa da Virgem, o padre e o jovem recitaram juntos apenas uma *ave-maria*.

Dom Bosco afirmava que sua obra nasceu naquela manhã, na penumbra de uma igreja da cidade, por meio de uma conversa com um aprendiz de pedreiro analfabeto. No domingo seguinte, alguns jovens acompanharam Garelli para se encontrar com Dom Bosco numa dependência da igreja, onde padre Cafasso havia ministrado alguns cursos para aprendizes. O grupo aumentou no dia 2 de fevereiro e depois em 25 de março de 1842, por ocasião de outra festa dedicada à Virgem Maria.

Eram aprendizes, em sua maior parte operários de construção: pedreiros, rebocadores, estucadores, pavimentadores, todos vindos de suas províncias para a capital a fim de ganhar o pão. Turim, com cento e vinte mil habitantes no início da década de 1840, não entrara ainda na era pré-industrial. Era uma cidade de artesãos, de pequenos comerciantes e de funcionários públicos, mas se desenvolvia, apesar de, em geral, os jovens camponeses serem muito pobres... Dom Bosco chamava de *oratório* as reuniões dos jovens. A instituição, há muito tempo criada por são Felipe Néri, em Milão, chegara também em Turim. A partir de dezembro de 1841, Dom Bosco teve assim o seu próprio "oratório".

O padre estudante Bosco ocupou-se também dos jovens delinqüentes amontoados nas prisões. A descoberta deles em Turim iria marcá-lo por toda a vida. Padre Cafasso levou-o a uma prisão de jovens, a outra face horrenda de uma civilização urbana pretensiosa. Ele ficou transtornado: "A visão daqueles jovens de doze a dezoito anos, todos saudáveis, robustos, cheios de energia, mas contaminados pelo vício, foi para mim um espetáculo horripilante". No sábado, ele voltou a visitar os seus jovens prisioneiros, com os bolsos cheios de cigarros, frutas e pequenos pães.

De modo geral, os estágios no colégio duravam dois anos. Padre Cafasso proporia um terceiro ano ao padre Bosco. Assim este exerceria, ao seu lado, mais ou menos a função de assistente. Padre Cafasso queria provavelmente se dedicar ao colégio. João Bosco aproveitaria o ano (1843-1844) para fazer as últimas correções de uma biografia de Luís Comollo, que, publicada em 1844, seria seu primeiro livro. Iria dedicá-lo aos seminaristas de Chieri, a quem ele propunha ter em Luís um exemplo de vida clerical. Mas ele não pôde, a partir daquele instante, deixar de pensar principalmente na educação de tantos jovens infelizes que descobrira na cidade e daqueles a quem pretendia, de qualquer forma, consagrar-se inteiramente.

2. O apóstolo de Valdocco

O capelão de Santa Filomena

Nos arredores de Turim, estendia-se uma região chamada Valdocco, ou seja, Vale dos Mortos, em francês, em memória de três santos, Solutor, Adventor e Otávio, soldados que foram martirizados naquele local. Valdocco mantinha ao mesmo tempo características da cidade e do campo: prédios de alvenaria grandes e pequenos, malservidos por uma rede de caminhos e atalhos, terrenos baldios, hortas, casas rústicas, albergues em sua maioria de má reputação.

Dois grandes lugares ali sobressaíam: um era o barulhento mercado de Porta Palazzo e o outro, chamado Rondo, era o patíbulo dos condenados à morte, bastante conhecido por padre Cafasso. Pessoas generosas haviam construído lá hospitais e centros de interesse público. Cottolengo havia fundado sua obra ali. Um rico aristocrata tinha gasto lá seu tempo e sua fortuna em favor de moças e mulheres carentes. A marquesa Giulia Francesca Barolo lá criou um abrigo chamado Refúgio e um patronato para mocinhas desamparadas, que ela acabou substituindo por um centro para meninas deficientes de três a treze anos, o qual ela dedicou a santa Filomena.

A senhora Barolo havia oferecido a Dom Bosco a função de capelão naquele centro. Ele aceitou. Na expectativa do trabalho no Santa Filomena, ele foi partilhar a residência do capelão do Refúgio, chamado Borel. Padre Borel, mais velho que Dom Bosco, era tão zeloso quanto ele. Durante muitos anos, ele iria proteger com sua autoridade os empreendimentos às vezes arriscados de seu jovem confrade.

No domingo de 13 de outubro de 1844, Dom Bosco estava instalado na casa do pároco Borel e lhe oferecia sua colaboração nas tarefas do Refúgio. Mas seu coração permanecia voltado para os jovens do "oratório". A partir do domingo seguinte, 20 de outubro, afirmou Dom Bosco, eles voltariam a se encontrar com seus amigos. Com a aprovação de padre Borel, duas pequenas salas foram reservadas para ele na residência: uma para suas reuniões, outra para seus trabalhos. Essa segunda sala, dedicada a são Francisco de Sales, era utilizada como capela. Um espaço ao lado servia para recreação dos jovens.

As reuniões dominicais do oratório, chamado simplesmente de São Francisco de Sales, se desenrolaram sem incidentes durante o inverno de 1844-1845. Dom Bosco tinha como padroeiro o santo da caridade, da doçura e da paciência. Porém, quando chegou a primavera, o clima ficou sombrio. O Refúgio não mais tolerava a algazarra e algumas depredações dos jovens de Dom Bosco. A marquesa Barolo o informou de que, no retorno às aulas, aquele local seria totalmente do Santa Filomena e que seu oratório deveria deixar o Refúgio, onde se tornara indesejável.

O oratório ambulante

Essa exclusão poderia significar a sentença de morte do empreendimento. O oratório de Dom Bosco, que então era bem pobre comparado aos oratórios de padre Ponte e de padre Cocchi, tinha sido despejado. Mas padre Bosco e padre Borel haviam, ao que parece, previsto a tempestade e solicitado à prefeitura de Turim que lhes desse pelo menos um terreno fechado. Foi-lhes designado o "cemitério" de são Pedro de Liens, isto é, um terreno abandonado ao redor de uma capela, cujo padre capelão havia concordado. Mas os rapazes deveriam obedecer à sua governanta.

O grupo chegou ao "cemitério" no dia 31 de maio de 1845. Mas o dia terminou mal. A governanta achou que aqueles rapazes haviam espantado suas galinhas. Além do mais, eles eram apenas um bando de profanadores de um lugar sagrado. Então, ela obrigou o capelão, que se chamava Tésio, a enviar uma queixa à prefeitura para que a autorização dada a Dom Bosco fosse cassada.

Sinal da providência — disseram de imediato os freqüentadores do oratório, quando apenas dois dias após a carta, o capelão morreu de enfarto; e, pior ainda, sua governanta desapareceu de Turim. Talvez ela tivesse retornado à terra natal, mas os jovens afirmavam que ela fora para junto do capelão, na tumba. Eles tiveram assim algum alívio, porém, não puderam desfrutar por muito mais tempo da alegria do "cemitério"...

O arcebispo de Turim, Luís Fransoni, interessou-se pelo apostolado do jovem padre Bosco. Na época, as igrejas e capelas eram relativamente espaçosas. Ele ofereceu a Dom Bosco a igreja de são Martinho dos Moinhos. Na falta de coisa melhor, a oferta foi aceita. O lugar era precário: nenhum abrigo, afora a igreja; e um pátio minúsculo, que servia de passagem incessante a cavalos e carretas. Os rapazes se acomodaram ali. Mas a presença deles, aliada a alguns incidentes, logo alarmou o bairro. Apareceram os queixosos, pessoas que não apreciavam os pequenos pobres. Uma carta de protesto foi enviada ao funcionário encarregado da ordem pública. Ao cabo de dois meses, o oratório foi novamente obrigado a se retirar. Padre Borel, com bom humor, declarou num encontro com os jovens: "Ora! As couves, quanto mais se transplantam, mais belas ficam!".

Nas proximidades da passagem de ano de 1845-1846, Dom Bosco alugou três aposentos numa casa do bairro de Valdocco, chamada *casa Moretta*. Não haveria grandes mudanças: os sucessivos locais não distavam um do outro senão algumas centenas de metros.

Ao longo de semanas, Dom Bosco, então residindo no Santa Filomena, ocupava-se das meninas desse abrigo e escrevia livros. A educação dos jovens, sobretudo a formação religiosa, preocupava-o. O estilo e, às vezes, o conteúdo das obras destinadas a eles pareciam-lhe pouco adequados. Ele preparou uma História da Igreja e um manual de devoção religiosa para a juventude. A *História eclesiástica* foi publicada em 1845. Dom Bosco a havia escrito em forma de diálogo, com perguntas e respostas. Embora não fosse primorosa, a narrativa era pelo menos compreensível. Quanto ao livro de devoção, *O rapaz conhece os seus deveres*, era uma coletânea de meditações breves, ofícios religiosos e práticas piedosas para a juventude. Seu estilo simples e vivaz obteve grande sucesso nas escolas e nos patronatos.

Para os rapazes do oratório, Dom Bosco criou também uma espécie de curso noturno na *casa Moretta*. Infelizmente, a vizinhança próxima a essa casa era tão intolerante quanto as dos outros lugares. Após nova queixa, no início de 1846, Dom Bosco mudou-se para uma área vizinha, o sítio Filippi, rodeado por uma cerca. Ali havia uma cabana. Porém, infelizmente, os rapazes logo estragaram o gramado do sítio do senhor Filippi. Uma nova mudança era inevitável.

Dom Bosco persistia. Em conversas, ele falava de seus grandes projetos, que faziam com que seus conterrâneos balançassem a cabeça, em desaprovação. O piemontês é um tipo que observa, reflete, avalia, mas não se deixa convencer. Dom Bosco, contudo, animava-se e imaginava os prédios, os campos de jogos, uma igreja, embora ainda não tivesse sequer obtido um local para seu grupo de rapazes. A discordância entre seus sonhos e a realidade acabaram por perturbar os seus colaboradores, entre eles padre Borel. Quanto à marquesa Barolo, também inquieta, ela convocou o capelão Bosco. O trabalho dele no abrigo Santa Filomena satisfazia-a plenamente: ele havia feito com que as meninas se interessassem pelas coisas religiosas, havia lhes ensinado cânticos e noções de matemática. Embora já tivesse feito muito, faltava-lhe escolher: as meninas do abrigo ou os rapazes do oratório. Dom Bosco opta sem hesitar pelos rapazes. E a senhora Barolo comunica-lhe sua demissão, permitindo-lhe morar provisoriamente no Santa Filomena.

Mais ou menos na mesma época, suspeitas de que Dom Bosco estivesse com uma doença mental haviam chegado à administração diocesana. Um belo dia, Dom Bosco viu chegar à sua casa uma carruagem com dois cônegos que ele conhecia muito bem. Compreendeu logo a intenção deles: que ele passasse pelo menos por um exame, num grande prédio erguido a certa distância do outro lado do Rondo, chamado comumente de o *manicômio* ou a casa dos loucos.

O próprio Dom Bosco contaria posteriormente a cena. Rapidamente, teve uma idéia. Demonstrando respeito aos seus visitantes, ele pede que voltem para a carruagem na frente dele e, de imediato, fecha a porta e grita: "Cocheiro! Rápido para o manicômio onde estes dois religiosos serão atendidos". Chegados ao seu destino, os cônegos são recebidos pelos enfermeiros... Os amigos de Dom Bosco não demoraram em descrever essa peripécia com os detalhes mais divertidos.

Uma moradia fixa

No dia 5 de abril de 1845, esgotado o prazo da locação do sítio Filippi, Dom Bosco e seu grupo deviam mais uma vez abandonar um terreno do oratório. Ao aproximar-se aquela data, o padre, bastante preocupado, soube por um habitante da região, que havia nas proximidades um lugar disponível: um espaço de dezesseis metros por seis, conhecido como galpão Pinardi, encostado a uma casa provida de um andar com escada e balcão. Se o lugar lhe conviesse, poderia ser alugado. O proprietário mandaria escavar o solo em cerca de cinqüenta centímetros e colocaria um piso de madeira.

Dom Bosco concordou imediatamente. No domingo de Páscoa de 12 de abril, os rapazes chegaram ao galpão Pinardi, sua nova "terra prometida", com a esperança de não serem forçados a se retirar em pouco tempo. Na segunda-feira seguinte, padre Borel abençoou o galpão, que seria a capela do oratório São Francisco de Sales. O oratório de Dom Bosco havia enfim encontrado seu berço.

Uma espécie de frenesi de trabalho apoderou-se de João Bosco. Ele afirmaria mais tarde ter dormido, até os cinqüenta anos, apenas cinco horas por noite; e de haver passado uma noite inteira sem dormir a cada semana. Certa vez, chegou a cambalear numa loja; ofereceram-lhe uma cadeira, onde ele dormiu durante uma hora e recuperou-se.

A estafa, contudo, enfraquecera sua resistência às doenças. No primeiro domingo de julho de 1846, ele desmaiou em seu quarto no Santa Filomena: ali o encontraram com uma espuma de sangue nos lábios. Contraíra uma pneumonia e sua vida estava em perigo. No entanto, ele reapareceu alguns dias depois no oratório Pinardi; porém, prudente pelo menos

O oratório de Dom Bosco depois das primeiras reformas da casa Pinardi. Desenho contemporâneo de Bartolomeo Bellisio.

desta vez, decidiu repousar durante três meses na casa de sua mãe em sua cidade natal.

Na paz de Becchi, mãe e filho planejaram calmamente o futuro. O padre deveria, daí em diante, renunciar à hospitalidade da obra da senhora Barolo. Onde se alojar? A casa contígua ao galpão Pinardi oferecia a rigor alguns cômodos; mas a proximidade de um prostíbulo impedia a um padre de ali viver isolado. Os filhos de mamãe Margarida tinham as suas casas; ela se achava sozinha. Ora! Ela poderia terminar seus dias em Turim com seu filho padre. No dia 3 de novembro, mãe e filho chegaram a pé de sua aldeia à região de Valdocco. Dois aposentos da casa de Pinardi foram alugados. Eles seriam o embrião de todas as casas salesianas.

A vida do oratório se organizou. Em 1847, uma espécie de abrigo de jovens aprendizes começou a surgir ao lado do oratório propriamente dito. Toda a casa contígua a Pinardi foi alugada. Em maio de 1847, um rapaz desempregado começou a residir ali: ele seria o primeiro "interno" da obra. Era preciso fazer tudo por aqueles jovens: dar-lhes uma cama, o que comer e o que vestir. Margarida Bosco se multiplicava nas atividades. E seu filho foi então, além de cozinheiro, alfaiate, marceneiro e professor de música.

Naquela época, o essencial para Dom Bosco ainda continuava a ser o oratório do domingo. Por volta das sete horas da manhã, ele recebia os rapazes. A jornada começava pelas confissões e a missa dominical: orava-se e cantava-se ajudados pelo livro *O rapaz conhecedor,* de Dom Bosco. Até o meio-dia, instrução religiosa (sobretudo história sagrada), aulas de leitura, de cálculo, de canto e de música instrumental. Após uma refeição simples, por volta de uma hora, vinham os jogos e a ginástica; depois uma nova lição de catecismo, uma prece a Maria e uma bênção do Santíssimo Sacramento.

Em alguns dias, Dom Bosco voltava a ser o saltimbanco e o acrobata de outrora. Ele não hesitava em executar alguns números de ilusionismo. Quando o tempo favorecia, o alegre grupo partia em excursão aos arredores de Turim. Em sua velhice, Dom Bosco relembrava com prazer algumas manifestações entusiasmadas de seus rapazes ao final de jornadas festivas: numa tarde, ele foi agarrado de surpresa e levado nos ombros pelas cercanias do oratório até o vizinho Rondo. "A obediência e a afeição de meus meninos beiravam a loucura", dizia ele, saudoso daquele tempo abençoado.

Durante a semana, Dom Bosco percorria de bom grado os canteiros de obras e as lojas de artesãos para ali encontrar seus jovens nos seus locais de trabalho e conversar com seus patrões. Continuava também a escrever e a publicar livros para a juventude. Em 1847, foi uma *História sagrada para ser utilizada pelas escolas.* Ele desejava, por meio da Bíblia que ele contava, "esclarecer os espíritos para incutir a bondade nos corações". Assim, ele orientava os costumes de seus jovens.

Travessia da turbulência

Em 1847, o Piemonte e os diversos Estados da península italiana entraram num período de turbulência. Turim, a cidade-capital, sentiu-a muito mais do que as do interior. O regime absolutista da dinastia de Savóia pesava cada vez mais sobre a classe média dos Estados sardos; as pessoas não toleravam mais serem governadas pelos aristocratas, que ocupavam seus cargos apenas graças à proteção real.

O liberalismo difundido pela Revolução de 1789, depois desenvolvido pela ocupação francesa, seduzia os espíritos modernos. Os amantes da liberdade, por vezes abertamente republicanos, eram particularmente ativos em Gênova. No final de 1847, a idéia de adotar no país o regime parlamentar e uma constituição ganhava terreno em direção à corte real. Aí, as opiniões, freqüentemente sujeitas a manifestações desordenadas que se transformavam em tumulto, seriam esclarecidas e orientadas; e os riscos de confrontação seriam reduzidos, pensava-se. Depois de se opor, durante algum tempo, à outorga de uma constituição, o rei Carlos Alberto se rendeu. E, no início de 1848, o *Statuto* entrou em vigor no país.

O sinal de ruptura com o antigo regime, paternalista, conservador e clerical, estava dado. Certamente, o catolicismo permanecia como religião do Estado no Piemonte, mas todas as exclusões anteriores relativas aos não-católicos — judeus e protestantes valdenses —, até então considerados cidadãos de segunda categoria, foram suprimidas. A liberdade de imprensa tornou-se quase total.

O movimento pela liberdade era também nacionalista e italiano. Quando, no início de 1848, Milão, a capital da vizinha Lombardia, se insurgiu contra o jugo austríaco, os voluntários se apresentaram nos Estados sardos para os defender. O próprio rei incitou o país; o exército piemontês abriu a fronteira para garantir a liberdade dos lombardos. Infelizmente, os piemonteses se confrontaram de imediato com um exército austríaco mais hábil, mais bem equipado e comandado, e apesar de resistirem com valentia, tiveram de abandonar Milão, voltar ao Piemonte em estado lastimável e assinar um armistício.

No entanto, a desavença não estava solucionada. O governo, até então nas mãos de pessoas moderadas, passou a ter um ministério democrata ávido de desforra. Em uma atmosfera de febre nacionalista das mais ardentes, aliaram-se à causa italiana os voluntários que reconheciam a insígnia tricolor, o novo emblema da nação. Mas o exército não havia feito progresso. Em três dias, em Novara (1849), houve a debandada. Carlos Alberto renunciou e fugiu para morrer no exílio pouco depois. O novo rei, seu filho Vítor Emanuel II, estabeleceu no lugar um novo governo moderado, que conseguiu convencer o parlamento sardo a assinar, enfim, a paz com a Áustria. No centro da península, a aventura pouco se tinha alterado. Em Roma, o movimento democrático de 1848 havia resultado numa verdadeira revolução. O papa fugiu para Gaeta em território napolitano, pois havia sido proclamada a república romana. Em 1849, Pio IX não havia reencontrado sua soberania, devido à intervenção de tropas enviadas pela França.

A evolução política coube ao principal chefe do clero piemontês. A partir de 1848, a Igreja começou a perder seus privilégios certamente não mais em vigor, como o privilégio de jurisdição. O governo tentou também retirar dela o monopólio do casamento. Judeus e protestantes, que então podiam expressar livremente suas idéias, combatiam as posições católicas. Os jesuítas, quase sempre antiliberais e objetos do furor popular, foram expulsos de Gênova e depois de Turim. O arcebispo de Turim, Fransoni, para quem os ataques aos direitos da Igreja eram crimes contra Deus, teve de se esconder por algum tempo. Em 1850, sua recusa a ministrar os últimos sacramentos a Pedro di Santa Rosa, que se havia tornado pastor, provocou uma enorme reação na capital. A polícia o deteve e o prendeu. Banido do território nacional por abuso de poder no exercício de suas funções, terminou seus dias em Lyon. Naquele mesmo ano de 1850, um anticlericalismo inusitado numa cidade tradicionalmente cristã e até mesmo piedosa, desencadeou-se em Turim. Padres, religiosos, membros da Igreja foram ridicularizados nos jornais e nos teatros.

Aquela desordem política e religiosa atingiu também Dom Bosco. Isso explica seu modo defensivo de agir e seu tipo de trabalho durante o resto de sua vida. Em 1849, a exaltação nacionalista, muito viva nos oratórios vizinhos, fê-lo perder bruscamente seus ajudantes e seus rapazes mais velhos, que, recrutados secretamente por alguns padres entusiastas, partiram para lutar contra a Áustria. Contudo, eles percorreram apenas algumas dezenas de quilômetros e regressaram envergonhados para Turim.

Dom Bosco jurou a si mesmo jamais entrar em movimentos políticos, que só poderiam prejudicar sua atuação com os jovens. Mas ele conservou um grande reconhecimento ao arcebispo Fransoni. Para o reconfortar, ele empreendeu uma viagem até Fenestrelle, a uma de suas prisões provisórias. Até sua morte, ele persistiu nas relações respeitosas com aquele homem, desprezado pelos meios progressistas do Piemonte.

Por fim, e sobretudo, a propaganda anticristã ou simplesmente anticlerical daqueles anos levou Dom Bosco a reagir. Conseqüentemente, em 1850, ele publicou os *Avisos aos católicos*, uma brochura de algumas dezenas de páginas, que fazia apologia a uma Igreja única, isto é, a Igreja católica romana governada pelo papa. Essa obra teve uma tiragem de cerca de cem mil exemplares, cifra muito elevada para um pequeno país com uma população em sua maioria analfabeta. Depois, em 1853, ele iniciou a publicação de um periódico, as *Leituras católicas,* cuja meta declarada era opor-se aos "protestantes" valdenses.

Dom Bosco atribuía à vingança dos valdenses os diversos atentados dos quais foi vítima. Durante uma aula de catecismo a seus jovens, uma bala disparada através da janela perfurou sua batina sob a axila, entre o peito e o braço esquerdo, e alojou-se na parede oposta. Alguns centímetros mais à direita, o coração seria atingido e a carreira do apóstolo estaria interrompida para sempre.

Dom Bosco contava também como lhe fora preparada uma armadilha certa noite, no bairro, sob o pretexto de uma extrema-unção a ser ministrada a uma doente. Prudente, ele pedira a dois ou três jovens maiores que o acompanhassem. Estando a "doente" no andar superior, os jovens o aguardaram no pé da escada. Quando Dom Bosco entrou no quarto da "moribunda", ela começou a xingá-lo. A lâmpada foi apagada com um sopro e os cúmplices da mulher passaram a atacá-lo. Ele teve tempo apenas de proteger sua cabeça com uma cadeira, a fim de escapar das pauladas. O barulho alertou seus acompanhantes, que subiram os degraus, arrombaram a porta e o salvaram de uma situação muito difícil. Ele voltou para casa sem uma unha e metade de uma falange, cicatriz que o acompanhou pela vida afora.

Enfim, a mudança completa da opinião pública para um sentido anticristão infundiu em seu apostolado, e sobretudo em sua pedagogia, um comportamento de oposição que para ele fora estranho até então.

A expansão da casa do oratório São Francisco de Sales

Enquanto o oratório dominical, aberto aos jovens, não se desenvolvia muito em Valdocco, Dom Bosco reservava toda a sua atenção ao setor interno e fechado da "casa anexa": o abrigo. Em 1852, uma igreja consagrada a são Francisco de Sales substituiu definitivamente a capela do galpão Pinardi. Naquele mesmo ano, de Lyon, o arcebispo Fransoni confiou a Dom Bosco a direção da obra dos três oratórios de Turim (são Francisco de Sales, são Luís e Anjo da Guarda). Um novo prédio pôde então receber cerca de trinta internos. O abrigo acolhia jovens aprendizes e estudantes. Os aprendizes trabalhavam nas oficinas ou nos canteiros de obras da cidade; os estudantes freqüentavam aulas particulares e, a princípio, destinavam-se ao sacerdócio.

A partir de 1853, a instituição de Valdocco sofreu uma importante evolução. Dom Bosco constatava que o mundo inteiro estava sob o império do mal. De fato, a Igreja não tinha mais autoridade sobre a fé e os costumes. A rua e os locais de trabalho pervertiam seus jovens, supunha ele; o sucesso de sua educação requeria que eles se mantivessem a salvo de influências tão nefastas. Dom Bosco criou, então, pequenas oficinas de encadernação, sapatarias e alfaiatarias, e, nos anos seguintes, ele instituiu salas de aula para os estudos secundários. Pouco a pouco, a casa do oratório São Francisco de Sales tornou-se um internato escolar com oficinas profissionais. Um aluno de Dom Bosco que se tornou santo, Domingos Sávio, vivenciou a transformação ocorrida entre 1854, quando foi recebido no Valdocco, e 1857, ano de sua morte precoce.

Havia muito tempo que Dom Bosco, mesmo ajudado por sua mãe, sentia-se insuficiente para desempenhar todas as tarefas. Além do mais, a santa mulher envelhecera e, em 1856, faleceu. No ano anterior, Dom Bosco teve a oportunidade de conseguir um bom auxiliar: Vitório Alasonatti. Era um padre professor de escola primária, de competência limitada, mas de um total devotamento, que assumiu, junto a ele, as funções de ecônomo. Dom Bosco, desse modo, depositava confiança nos jovens que ele ensinava na esperança de ser por eles ajudado.

No dia 25 de março de 1855, um jovem prestes a completar dezoito anos, calmo, inteligente, sério, tornou-se religioso fazendo, na residência de seu mestre, os votos pessoais de obediência, pobreza e castidade. Miguel Rua estava destinado a tornar-se o braço direito de Dom Bosco. Foi em companhia dele que Dom Bosco empreendeu uma peregrinação a Roma para se aconselhar com Pio IX. Seria possível e desejável falar abertamente a respeito de uma congregação religiosa num contexto anticlerical e laical do Piemonte dessa época, que amaldiçoava os religiosos parasitas e preguiçosos? O papa o havia encorajado formalmente. E o oratório de Valdocco poderia sobreviver.

Dom Bosco confessando seus jovens.
(fotografia de 1861)

3. O fundador

A assembléia de fundação

Em 1859, Dom Bosco se dispôs a fundar uma sociedade religiosa num país politicamente agitado. A segunda guerra pela independência da Itália havia começado. Piemonteses e franceses enfrentaram os austríacos em combates por vezes muito sangrentos. Por meio de movimentos insurrecionais habilmente dirigidos, os emissários do ministro Cavour conquistaram, do Piemonte à Toscana, os ducados de Parma, Módena e Romanha, Estados pertencentes ao papa. Pelas armas tomaram a Lombardia. O avanço piemontês em direção ao sul levava consigo os sentimentos anti-religiosos. No entanto, a tensão diminuiu após o armistício de Villafranca.

Foi em dezembro de 1859 que Dom Bosco tomou uma atitude decisiva. Certa noite, convocou seus colaboradores do Valdocco, que aceitaram constituir com ele uma sociedade religiosa com todas as formalidades prescritas pela lei. Eles voltaram a se reunir no dia dezessete, em sua maioria clérigos jovens ou muito jovens. O padre Vitório Alasonatti, de quarenta e sete anos, era o mais velho. O grupo ouviu Dom Bosco expor sumariamente seu projeto. Os voluntários pronunciariam seus votos religiosos, mas não teriam jamais a aparência de religiosos para o público. Eles conservariam todos os seus direitos civis. Os membros associados trabalhariam em favor dos jovens, sobretudo dos mais pobres. Mas era necessário começar pela nomeação de um conselho administrativo.

A assembléia elegeu então um "capítulo" nos termos do estatuto já preparado. Dom Bosco, fundador e iniciador do empreendimento, foi proclamado reitor superior; o padre Alasonatti foi eleito prefeito; o jovem Miguel Rua, diretor espiritual; o diácono Sávio, ecônomo; e três jovens clérigos, conselheiros. Esse "capítulo" governaria a sociedade denominada, como já era conhecida, "São Francisco de Sales". Que outro nome poderia ser escolhido para o grupo do oratório São Francisco de Sales de Valdocco? Francisco de Sales seria o mestre e o modelo dos discípulos de Dom Bosco.

As "investigações" de 1860

Em 1860, Vítor Emanuel II, até então rei apenas dos Estados sardos, foi proclamado rei da Itália. Infelizmente para a Igreja, entre as novas possessões do rei, havia uma parcela dos territórios pontifícios. Pio IX não aceitou essa situação e começou um plebiscito entre os habitantes: os invasores foram excomungados. Em Turim, Dom Bosco, dividido como tantos outros entre duas fidelidades, só poderia tomar o partido do papa. Passaria a ser considerado como homem devotado a Pio IX. Uma *História da Itália*, que fez reeditar, valeu-lhe também uma reputação de pró-austríacos. No dia 26 de maio de 1860, ele teve de se submeter a uma investigação em seus aposentos. O Valdocco foi cercado por aproximadamente vinte policiais. Os investigadores procuraram provas de cumplicidade de Dom Bosco com a Santa Sé e o arcebispo reacionário, Luís Fransoni. Foram quatro horas de inspeção que não resultou em nada que fosse comprometedor.

Dom Bosco se felicitava por ter conseguido sutilmente, sem que os agentes o soubessem, esconder a decodificação de um telegrama cifrado do governo aos prefeitos a respeito da conduta a ter com referência a Garibaldi, telegrama esse que um carteiro amigo (e imprudente) lhe passou. Duas semanas mais tarde, nova visita. Os agentes do governo procederam a uma inspeção nas classes secundárias. Interessavam-se mais particularmente pelas idéias políticas insinuadas aos alunos. "O que é preferível: um regime constitucional ou um regime absolutista?" Certas proposições de *História da Itália para uso nas escolas* publicada por Dom Bosco inquietavam a opinião progressista.

Caricatura de Dom Bosco publicada em um jornal anticlerical.
Seu oratório é mostrado como uma fábrica de "padres e beatos"

Dom Bosco protestou contra esses aborrecimentos em duas cartas aos ministros, do Interior e da Instrução pública. Em resposta, o ministro do Interior, Farini, o convidou para um encontro. Na conversa que teve lugar horas depois, Dom Bosco falou dos seus vinte anos a serviço dos doentes, dos prisioneiros e dos jovens abandonados da cidade. As idéias políticas contrárias às do governo, ele as guardou para si mesmo, pois não o impediam de obedecer às leis.

— Por isso pouco lhe importa nos fazer de palhaços? — ironizou Farini.

— Não, acho que um padre pode servir eficazmente ao seu próximo sem jamais se envolver com política.

— Volte tranqüilo, mantenha-se afastado da política e faça o bem para os jovens.

— Não tenho de me afastar, pois jamais estive próximo dela — retrucou Dom Bosco ao ministro.

Os feitos de Garibaldi eletrizavam todo o país. Nascido no condado de Nice, tinha desembarcado na Sicília à frente de um exército de voluntários. Ele libertou a ilha, atravessou o estreito e expulsou de seu território o rei de Nápoles. Os piemonteses de Vítor Emanuel, que partiram ao encontro deles, se defrontaram, na Itália central, com um pequeno exército pontifício, a quem derrotaram facilmente, malgrado a bravura do general francês, Lamoricière. Vítor Emanuel felicitou o comandante e empenhou-se em anexar as pequenas províncias pontifícias e, em seguida, toda a parte meridional da península. No centro, Roma e seus arredores, que as tropas francesas continuavam a proteger, escaparam do domínio piemontês. Os Estados pontifícios ficaram reduzidos a pouca coisa.

Dom Bosco só pôde tentar consolar o sumo pontífice. Pio IX lhe escreve manifestando sua solidariedade. O apoio dos fiéis era para ele muito necessário, confiou-lhe o papa, uma vez que uma "guerra mortal" dirigida pelos "filhos das trevas" estava em curso, não somente contra ele, mas contra "nossa santíssima religião, especialmente na infeliz Itália" (Pio IX a Dom Bosco, 13 de janeiro de 1862). A guerra contra o papa se transformara em guerra contra a religião católica.

Os primeiros salesianos

No dia 14 de maio de 1862, Dom Bosco recebeu os primeiros votos religiosos de seus discípulos, num contexto social hostil às sociedades religiosas, sobretudo se pensarmos nos jesuítas, que se dedicavam incondicionalmente a Pio IX. Os vinte e dois voluntários estavam, naquela noite, apinhados num pequeno cômodo, tão apertados que não podiam sentar-se.

Dom Bosco entoou um hino invocando o Espírito Santo e pediu que eles se ajoelhassem. Miguel Rua pronunciou a fórmula dos votos, frase a frase, repetida depois pelos presentes. Ajoelhado diante de um crucifixo, Dom Bosco expressou em silêncio sua doação ao Senhor. Sua alegria explodiu naquele 14 de maio: seu projeto tomava forma.

— Tudo demonstra — afirmou ele — que temos Deus a nosso favor. Podemos seguir em frente, porque, evidentemente, estamos fazendo a vontade divina. [...] Daqui a vinte e cinco ou trinta anos, se o Senhor continuar a nos ajudar como fez até o presente, nossa sociedade poderá contar com até mil confrades. Haverá alguns para pregar e instruir as pessoas necessitadas, outros para educar as crianças desamparadas, alguns para dar aulas, outros para escrever e difundir os livros, todos, afinal de contas, para defender a dignidade do pontífice romano. Que bem isso não nos fará!

Em maio de 1862, Garibaldi recomeçou suas investidas contra o papa. Prudentemente, em Aspromonte, na Calábria, as tropas piemontesas barraram o seu caminho para Roma.

Auxiliado pela força dos jovens que se dedicaram de corpo e alma ao seu empreendimento, Dom Bosco consolidou suas bases locais. Entre 1860 e 1867, sua propriedade em Valdocco triplicou de tamanho, e o número de internos de seu oratório dobrou, passando de duzentos para quatrocentos alunos.

A partir de 1862, a divisão profissional contava com sete oficinas. Havia anteriormente oficinas de sapataria, de encadernação, marcenaria e alfaiataria; além destas, foram instaladas uma tipografia, uma fundição de tipos e uma forja. A evolução havia chegado: aprendizes e estudantes não saíam mais da cidade para prosseguir os estudos ou para se iniciar numa profissão.

Para desenvolver sua obra, Dom Bosco deveria construir. Porém, ele estava sem recursos. Em 1862, recorreu a um expediente cuja eficácia já tinha sido por ele comprovada. Lançou com grande estardalhaço uma loteria, que mobilizou um comitê organizador composto de personalidades importantes, uma multidão de "promotores" e de "promotoras" (quinhentos e trinta e quatro ao todo), geralmente bem selecionados; e uma lista interminável de doadores de prêmios relacionados em um fascículo devidamente publicado. Por meio das loterias, Dom Bosco teceu uma rede de admiradores e amigos. O lucro moral que se obteve delas não foi menor que o lucro financeiro.

O bem espiritual de seu oratório importava-lhe acima de tudo. Ele se ocupava com a formação pessoal de seus rapazes. Por isso, reunia-os sistematicamente nos campos de jogos; lá, ele deixava escapar uma frase ou uma questão capazes de os fazer refletir. "Este é o segredo para conquistar os corações e transformar as almas", explicava ele. Aos cinqüenta anos, uma agilidade suficiente ainda lhe permitia participar dos jogos com os jovens.

O dia começava com uma missa precedida de confissões na igreja de São Francisco de Sales. À noite, um padre reunia rapazes e mestres sob as arcadas da casa para a oração. Depois do sinal da cruz final, Dom Bosco subia num pequeno estrado e lhes falava durante alguns minutos. Ele contava uma anedota extraída da vida de um santo, um acontecimento do dia, uma parábola, às vezes um sonho. Dom Bosco era muito hábil em narrar sonhos, que, pelo menos no seu modo de fazê-lo, mantinham sempre relações instrutivas com a realidade local. Depois, em um longo desfile, os meninos, pensativos, o cumprimentavam. Uma palavra, um olhar interrogativo lhes penetrava a alma. O que quisera dizer Dom Bosco? Essas breves exposições vespertinas, que jamais excediam dois ou três minutos, ele mesmo afirmava, eram um meio ideal para se obter sucesso na educação de um colégio.

Diabruras

Teria ele sido bem-sucedido? O demônio se intrometeu. São João Maria Vianney, o cura d'Ars (1786-1859) havia enfrentado aquele a quem chamava "o Gatão": balbúrdias noturnas, interpelações injuriosas... João Bosco conheceu perseguições análogas durante o primeiro trimestre de 1862. Elas começaram certa noite com ruídos insólitos e lancinantes. Ele acreditou poder livrar-se delas imediatamente por meio de uma bênção de seu leito antes de se deitar. Trabalho perdido! No dia 15 de fevereiro, declarou a seus jovens clérigos que, na noite anterior, sua mesa de trabalho se pôs a dançar e a bater sucessivamente: o Invisível, a quem ele pedira que o deixasse em paz, havia continuado como se não houvesse compreendido.

Em outra noite, deitado, tinha visto aos pés de sua cama ora um urso, ora um tigre, ora um lobo, ora uma grande serpente. Ele havia exclamado: Ó bom Jesus! O monstro havia desaparecido, mas para ressurgir em seguida sob outra forma. No dia 23 de fevereiro, violentos golpes de martelo ressoaram sob seu travesseiro. Quando se levantava, o ruído cessava; quando se deitava, ele retornava. No dia 26 de fevereiro, depois de uma rápida viagem à casa de um bispo vizinho, ele comentou que, lá, seu travesseiro começara a dançar e que ao perceber aos pés de sua cama um monstro horrível, cheio de terror, havia soltado um grito tal, que todos os que estavam na casa episcopal, inclusive o bispo, correram ao seu quarto para socorrê-lo.

Alucinações devidas à estafa? Em todo caso, as preocupações assaltaram então Dom Bosco. Um biógrafo observou: "Nestes dias, ele falava muitas vezes a respeito da fugacidade desta vida e da beleza do paraíso; e dizia que queria ir logo para lá, queria livrar-se de tudo, pois não tinha mais força para fazer o que desejava..."

Primeiras filiais

Apesar da crescente ampliação, a obra de Turim não era mais suficiente para conter o zelo de nosso padre. Em 1860, ele havia aceitado ajudar na recuperação de um pequeno seminário diocesano, desde que a escola viesse a se tornar uma extensão de seu oratório de Turim. Mas, como ele não estava mais na direção, essa concessão não foi dada. Logo após a morte do arcebispo Fransoni, em 26 de março de 1862, que, de Lyon, o havia apoiado, a administração diocesana solicitou-lhe que evitasse provisoriamente comparecer no pequeno seminário. Dom Bosco compreendeu: seus fiéis voltaram para o oratório e ele não falou mais sobre o assunto.

Sua verdadeira expansão de Turim começou em 1863, pela fundação de Mirabello na diocese vizinha de Casale. Um negociante local, cujos filhos haviam entrado na sociedade de Dom Bosco, ofereceu-lhe um terreno e o material para a construção de um colégio que desejava implantar naquela grande cidade. Interessado, Dom Bosco o construiu em alguns meses e, com a aprovação do arcebispo do lugar, o batizou de "Seminário Menor de São Carlos". Padre Miguel Rua foi designado para dirigi-lo.

Imagine-se a dificuldade das minúcias determinadas por Dom Bosco para a nova obra: regulamento detalhado conforme o modelo de Valdocco, instruções particulares ao diretor, pe. Rua, visitas do fundador, cartas de boas-vindas aos alunos. O colégio de Mirabello, localizado em um distrito sem futuro, com prédios mal construídos em um local muito frio no inverno, sem espaço suficiente para os jogos dos alunos; e por tudo isso, estava destinado a ser abandonado por Dom Bosco no final de apenas sete anos, apesar de ser o filho primogênito.

No ano seguinte (1864), o convite para ser o responsável pelo colégio municipal de Lanzo, uma localidade situada a cerca de quarenta quilômetros de Turim, não atraiu muito Dom Bosco. Ele queria a todo custo uma segunda filial. A primeira equipe de Lanzo, dirigida por um padre de vinte e quatro anos de idade, devia, nas primeiras semanas, alojar-se provisoriamente num antigo convento de capuchinhos, transformado em colégio da cidade e abandonado depois de anos. Felizmente, graças ao dinamismo que o fundador transmitiu a seus discípulos, o estabelecimento foi de imediato totalmente transformado. Cem anos depois, ele ainda existe.

Uma nova igreja

Dom Bosco aliava as preocupações ao prazer. A organização de sua sociedade continuava precária. Para ampliar sua ação, que ele pretendia não mais manter restrita à sua diocese de origem, era-lhe necessário o patrocínio de Roma. Para que isso acontecesse, era indispensável a recomendação da administração diocesana de Turim, mas essa tardava por causa do falecimento de Dom Fransoni. Não agradava à diocese de Turim o desejo de Dom Bosco de se libertar de sua tutela. Em julho de 1864, finalmente chegou uma decisão favorável da Santa Sé. Contudo, veio com uma série de observações, algumas das quais chocaram Dom Bosco. Por exemplo: os membros de sua sociedade religiosa poderiam conservar suas aparências "seculares", isto é, não-monásticas, porém, era isso a que ele tanto aspirava? Certas engrenagens romanas lhe pareciam perigosas.

Pelo fato de ter aceitado, mais preocupações o acometiam. Em 1863, ele lançara uma campanha para uma nova igreja na casa de Valdocco, pois a de são Francisco de Sales se tornara insuficiente para sua população escolar. Além disso, os fiéis de seu bairro, subúrbio em crescimento constante, não dispunham de um local para o culto. O título que Dom Bosco deu à igreja projetada foi genial para a corrente devocional que ele desencadeou: Maria Auxiliadora como padroeira do santuário.

Desde 1862, como seus conterrâneos do Piemonte, ele havia venerado a Virgem da *Consolata*, a Virgem das Dores, a Senhora do Santo Rosário, ou, mais simplesmente, a Nossa Senhora e Maria Santíssima. Em 1864, o arcebispo de Spoleto, na Itália central, empreendera uma campanha em favor de Maria "socorro dos cristãos". Manifestações milagrosas numa igreja em ruínas de sua diocese o haviam estimulado. Toda a Itália católica se comoveu. A Virgem Maria veio em socorro de uma religião aviltada, de uma Igreja humilhada e de um papa destituído de seus poderes. Em maio de 1862, Dom Bosco começou também a celebrar a Senhora do Socorro e a falar de uma festa de Maria Auxiliadora. Evocava, assim, a Virgem com o grande manto da Idade Média.

Ele construiu uma "magnífica" igreja, na qual predominava uma grande cúpula. A coleta de fundos causou-lhe uma série interminável de preocupações. Arriscou-se a fazer alguns empréstimos, exceto em Turim, onde, achava ele, as taxas de juros eram "exorbitantes". A igreja devia ser construída com a autorização municipal e com o dinheiro dos "devotos" de Maria Auxiliadora. Circulares e artigos de jornais católicos solicitavam as contribuições. A experiência havia ensinado a Dom Bosco a eficácia das cartas particulares e das visitas pessoais: ele as multiplicou.

Quando as paredes da igreja começaram a ser erguidas, ele recorreu ao expediente da loteria. Todavia, em 1865, apesar do patrocínio ilustre de príncipes e princesas, a venda dos bilhetes em um Piemonte bruscamente debilitado por uma crise financeira tornou-se trabalhosa. Dom Bosco implorou a ajuda direta da Virgem. Ele pressagiou que a epidemia de cólera, então ameaçadora, pouparia com certeza os fiéis de Maria Auxiliadora. A partir de 1865, as curas, atribuídas às novenas a Maria, lhe valeram donativos muito generosos. Ele empenhou-se em difundir entre o público os favores da Virgem para com aqueles que a invocavam. Alguns de seus correspondentes tiveram conhecimento então, por intermédio de suas cartas, que Maria se havia tornado seu melhor "refúgio".

No dia 24 de setembro de 1866, em Valdocco, festejou-se a colocação do último tijolo da cúpula da igreja. E, em 9 de julho de 1868, apenas quatro anos após os trabalhos iniciais das fundações, Dom Bosco assistiu à consagração soleníssima do santuário. Uma grande imagem da Virgem encimava a cúpula. Os peregrinos, atraídos pelas "maravilhas de

Maria Auxiliadora" — título de um livro de Dom Bosco —, vinham orar em sua casa. Boletins continham um resumo de suas "graças" espirituais ou temporais. No Valdocco, a partir daí, a cada ano, o dia 24 de maio, festa litúrgica de Maria Auxiliadora, seria ocasião de uma série de manifestações religiosas, acompanhadas de uma ruidosa quermesse nos pátios do estabelecimento. Para essa igreja, Dom Bosco dava todo o seu apoio. Para muitos dos fiéis, ele seria, durante seus últimos trinta anos, o padre de Maria Auxiliadora.

O reconhecimento por parte de Roma da Sociedade de São Francisco de Sales

Para Dom Bosco, a aprovação de sua congregação pelas autoridades de Roma estava tardando muito. Nas primeiras semanas de 1867, ele empreendeu uma viagem àquela cidade para apressar o processo. Ele tinha acesso assegurado ao secretariado de Estado do cardeal Antonelli. Sua reputação de homem de Deus lhe valeu grande quantidade de convites de pessoas da aristocracia local — de ex-duques ou ex-reis destituídos pelos piemonteses — uma vez que, nas incertezas do momento, sua palavra e sua bênção tranqüilizavam os espíritos. Em Roma, Dom Bosco foi também encarregado das dioceses italianas que estavam vagas. Roma não mais escolhia os bispos, e uma tentativa de regulamento proposto por Pio IX havia fracassado em 1865.

Um novo emissário do governo italiano, Michelangelo Tonello, conduziu negociações com mais êxito em 1867. Dom Bosco não "fabricou" bispos a seu bel-prazer, como afirmaram os jornais anticlericais de Turim; mas, naquelas circunstâncias, ele certamente participou da redação das listas dos prováveis bispos para o norte da Itália. Quando retornou à sua casa, no dia 1º de março, os problemas de sua congregação não tinham aumentado nem um pouco. Em contrapartida, muitos de seus amigos tinham se afastado dele ou assumido uma sede episcopal. Assim, o bispo de Casale, do qual Mirabello dependia, tornara-se arcebispo de Milão; e o cônego Lorenzo Gastaldi, que freqüentava o oratório há uns vinte anos, e ali ensinava teologia moral, fora promovido para a sede de Saluzzo, no Piemonte.

Dom Bosco não havia proposto a transferência para Turim do arcebispo de Savone, Alessandro Riccardi di Netro, pessoa que lhe era totalmente desconhecida. O novo arcebispo não se entendia bem com Dom Bosco. Suas idéias a respeito da formação indispensável ao sacerdócio divergiam muito. De modo diferente de Dom Riccardi, Dom Bosco acreditava mais na experiência adquirida nas atividades cotidianas de uma escola, do que nas teorias lidas rapidamente no silêncio dos claustros. Depois da criação de seu seminário, ele passou a apreciar muito pouco as lições dos doutores, mesmo em teologia dogmática ou espiritual.

Os clérigos de Turim que, na falta de um seminário maior no local, haviam encontrado espaço em sua casa, não abriam seus tratados de teologia senão no fim de um dia, após um respeitável número de horas de aula ou de cuidados com os rapazes. Dom Bosco havia celebrado os bons resultados desse método em cartas ao superior do seminário maior, Vogliotti, com a perspectiva de ordenar os clérigos formados nessas condições, mas o novo arcebispo tornou-se inflexível. Quando lhe foi necessário, para agradar Roma, recomendar a sociedade de Dom Bosco, ele o fez. Porém, alguns dias depois, enviou uma nota sobre seu ponto de vista ao cardeal-prefeito da congregação romana encarregada dos religiosos, chamada então "dos Bispos e Religiosos": "Na verdade, se eu não estivesse convencido de que essa santa congregação modificará essencialmente as atuais constituições, jamais me aventuraria a formular este pedido, mesmo se minha oposição me tivesse causado graves preocupações. Acredito que trairia meu dever de bispo se patrocinasse uma congregação que, se ela fosse aprovada tal qual é, poderia causar graves danos à Igreja, à diocese e ao clero".

Ele continuou: "O colégio de Turim é atualmente um caos, onde se misturam artesãos, estudantes, leigos, clérigos e padres. Isso aumentará cada vez mais se sua esfera de ação for ampliada" (carta de 14 de março de 1868). Na cidade e na região, outras personalidades eclesiásticas pensavam de modo semelhante. Elas diziam e escreviam. Em conseqüência disso, no dia 2 de outubro, o secretário da Congregação dos Bispos e Religiosos comunicou a Dom Bosco que a Santa Sé negava-se a aprovar a Sociedade de São Francisco de Sales. Seu superior não poderia — como ele desejava — ordenar pessoas formadas em condições duvidosas.

Dom Bosco resolveu explicar-se de viva voz às autoridades romanas. Pio IX, ele não tinha dúvidas, o compreenderia e, se fosse preciso, conceder-lhe-ia o que seus ministros lhe negavam. Ele passou um mês e meio em Roma no início do ano de 1869, para ali contatar as pessoas que estavam interessadas no reconhecimento de sua sociedade. O papa ouviu de sua boca os meios práticos pelos quais conseguia formar padres educadores zelosos e hábeis; e ele parecia convencido. Todavia, explicará Dom Bosco, "o Santo Padre era favorável à aprovação, mas não podia decidir nada sozinho". A Congregação dos Bispos e Religiosos cedeu. O decreto de aprovação da Sociedade de São Francisco de Sales teve a data de 1º de março de 1869.

As atenções do papa dadas a Dom Bosco fizeram crescer a irritação latente de seu arcebispo. O decreto romano não o eximia de sua jurisdição. Em novembro de 1869, a ordenação sacerdotal, sem o conhecimento de Dom Riccardi, do clérigo de Turim, José Cagliero, religioso de Dom Bosco, por um bispo de Casale muito complacente, desencadeou sua ira. Ele comunicou por carta a Dom Bosco uma torrente de penas eclesiásticas, conseqüências dessa grave infração ao direito da Igreja: para ele, perda de seu cargo; para o novo padre, suspensão, o que o proibia de celebrar a missa; e, para o bispo em falta, punição proporcional. Confuso, em um beco sem saída, Dom Bosco lhe pede perdão "pela misericórdia do Senhor e a caridade do Espírito Santo". Mas foi necessária a celeuma do conselho ecumênico do Vaticano I então iminente; e depois, a doença e o falecimento do arcebispo (16 de outubro de 1870), para extinguir esse conflito. O tipo de formação que adotava para seus religiosos tornou Dom Bosco suspeito perante as autoridades eclesiásticas responsáveis.

Os colégios de Dom Bosco

No entanto, sua fama era a de um educador excepcional. Os alunos de seus primeiros colégios saíram-se muito bem. As peças teatrais encenadas no Valdocco, quase todos os anos a partir de 1861, prendiam a atenção

Dom Bosco e sua fanfarra em 1870. Para ele "um oratório sem música é um corpo sem alma".

das pessoas cultas. Os passeios com fanfarra e teatro que ele organizava no mês de outubro (até 1864) o tornaram conhecido nas pequenas cidades do Montferrat. (Essas espécies de acampamentos volantes iriam fazer dele um precursor das "colônias de férias".) Diversas cidades, às vezes de zelosos sacerdotes, recorriam a ele para assumir a direção de um colégio local. A partir de 1869, Dom Bosco começou a somar novos colégios aos dois já existentes, Mirabello e Lanzo. Assim, surgiram os colégios de Riviera italiana, de Alassio e de Varazze. Ao mesmo tempo, a gráfica do Valdocco publicava séries de textos latinos e italianos para serem utilizados nas aulas e que contribuíram para a fama de humanistas de alguns dos professores de Dom Bosco.

Por ocasião do Vaticano I

Muito respeitado por seu título de superior-geral da congregação, Dom Bosco alimentou durante algum tempo a esperança de participar, como membro de direito, do concílio ecumênico que Pio IX abrira solenemente no dia 8 de dezembro de 1869. De acordo com um comunicado recebido, teve de desistir. No entanto, ele fez o melhor que podia para a definição da infalibilidade papal, questão em si secundária, mas que a opinião católica da época impôs ao concílio. No decorrer dos meses de preparação, duas brochuras de Dom Bosco reivindicaram aquela definição. Durante as primeiras semanas da assembléia, ele teve uma visão profética das desgraças que se abateriam sobre a França, cuja magnífica capital foi entregue a seus inimigos e devastada pelos incendiários. Essa mesma visão encorajaria o papa "na grande conferência com seus assessores" a resistir às "potências do século" e a "resolver" com energia as "dificuldades não solucionadas".

Em Roma, onde permaneceu até o fim de janeiro, Dom Bosco não passou essa mensagem a Pio IX; mas, recebido em audiência privada, não deixou de lhe dizer do seu entusiasmo pela definição em estudo, que, entretanto, iria dividir seriamente o concílio. Na mesma época, ele encorajou seu amigo, o bispo Gastaldi, um dos oradores-ouvintes da assembléia, a conduzir sua luta em favor da oportunidade (muito controvertida) dessa definição. Depois, ele voltou a Turim. O texto votado pelos padres em meados de julho o satisfez. Como tantos outros, ele iria de bom grado dar por infalíveis todas as sentenças do papa a respeito da fé e dos costumes!

Os acontecimentos dessa época causaram muita amargura no ânimo de Dom Bosco. Bruscamente, no dia 18 de julho de 1870, o concílio foi suspenso. Uma tempestade desabou sobre a Europa. No dia 19 de julho, a França declarou guerra à Prússia; e, no dia 20 de setembro, os piemonteses entraram em Roma pela Porta Pia. A capital do reino da Itália, instalada em Florença no ano de 1865, foi transferida para Roma. A bandeira tricolor flutuava sobre a capital. A unificação italiana estava concluída. Tal acontecimento obrigou Pio IX a confinar-se no Vaticano.

Dom Bosco correspondia-se com o papa nas horas de dificuldades. Ele desaconselhou formalmente o papa a abandonar sua cidade por ocasião do plebiscito do dia 2 de outubro, pelo qual a população dos Estados pontifícios se entregou à Itália. Ele interveio um ano após, em setembro de 1871, quando Pio IX solicitou novamente a Vítor Emanuel II que o ajudasse a solucionar o problema dos bispados sem os respectivos titulares. No dia 8 de setembro, o presidente do conselho, João Lanza, convocou Dom Bosco a ir a Florença para tratar de questões extra-oficiais junto à Santa Sé. De Florença, Dom Bosco foi imediatamente para Roma e manteve conversações com o papa e seu secretário de Estado. As nomeações dos bispos anunciadas então nos consistórios de 27 de outubro e de 27 de novembro foram certamente influenciadas pelos pareceres de Dom Bosco. No dia 27 de outubro, Dom Gastaldi foi oficialmente transferido de seu bispado de Saluzzo para o arcebispado de Turim. Um documento escrito à mão, encontrado nos arquivos do Vaticano, afirma que sua permanência era "desejada em Turim pelas pessoas de bem, por sua sabedoria e sua devoção religiosa". Dom Bosco acreditava assim ter perto de Valdocco um poderoso aliado em seus diversos empreendimentos...

Fotografia de Dom Bosco
em Roma, em 1867.

Um estabelecimento de ensino feminino

Em sua juventude, Dom Bosco tinha sido encarregado da educação religiosa de moças. Após a morte de sua mãe, chegou a solicitar os serviços de religiosas para a lavanderia e a cozinha de seu oratório em Valdocco. Depois, ele planejou ampliar o campo de ação de sua Sociedade de São Francisco de Sales para a educação de jovens do sexo feminino. Um grupo auxiliar de mulheres era indispensável para esse tipo de apostolado. Em 1871, uma associação paroquial, cuja devoção e abnegação ele admirava, lhe pareceu convir a seu intento. Padre Pestarino, capelão das Filhas da Imaculada, na aldeia de Mornese, na diocese vizinha de Acqui, era-lhe totalmente devotado. Com a ajuda de uma religiosa de Turim, Dom Bosco criou um projeto de constituições. Os membros do estabelecimento de ensino feminino de Dom Bosco seriam "verdadeiras religiosas para a Igreja, mas, para a sociedade civil, cidadãs livres".

Entre os dias 6 de dezembro de 1871 e 15 de fevereiro de 1872, Dom Bosco foi surpreendido por grave enfermidade, uma febre altíssima, que o reteve de cama num colégio recentemente fundado, em Varazze, na Riviera. Varazze é relativamente perto de Mornese. No início de janeiro de 1872, padre Pestarino visitou Dom Bosco, que o indagou a respeito do projeto do instituto de ensino e do estado de espírito das Filhas da Imaculada.

— Elas estão dispostas a obedecer, não importa qual seja o sacrifício, para o próprio bem espiritual e para ajudar os seus semelhantes — respondeu-lhe Pestarino.

— Muito bem — disse-lhe Dom Bosco —, reúna-as e faça-as votar para eleger um conselho de administração: superiora, assistentes etc., de acordo com as regras planejadas.

Esse cenário era semelhante ao que ele havia montado para seu grupo de jovens de Valdocco. No dia 29 do mesmo mês, as Filhas da Imaculada de Mornese elegeram como superiora-geral uma santa mulher, Maria Domingas Mazzarello. Mas, humilde e modesta, Maria Domingas escreveu uma carta dizendo que aceitava apenas o título de provedora, para deixar a Dom Bosco a verdadeira função de superior. Desse modo, ela reafirmava as suas intenções. As constituições que ele supervisionara eram claras: o instituto teria uma superiora-geral, mas "sob a dependência do reitor-maior da congregação salesiana". Nos meses seguintes, as novas religiosas receberam o título de "Filhas de Maria Auxiliadora", sinal de fidelidade a seu fundador e padre de Turim. Elas pronunciaram seus primeiros votos religiosos em Mornese, no dia 5 de agosto seguinte.

O evento só poderia causar alegria a Dom Bosco. Mas, por razões pessoais, que desconhecemos, ele não se mostrava propenso a participar pessoalmente. O bispo de Acqui, então em Mornese, deveria presidir à cerimônia. Isso era o suficiente, escreveu Dom Bosco a padre Pestarino. Mas o bispo interveio, enviou seu secretário a Turim com a missão de levá-lo à Mornese. Dom Bosco chegou o mais tarde possível, esteve presente aos votos das religiosas, consentiu em pronunciar algumas palavras, mas desapareceu logo após à cerimônia sem nem mesmo assinar a ata dos trabalhos.

Assim surgiu o instituto de ensino das Filhas de Maria Auxiliadora que, pelo seu dinamismo, sua reputação e sua espiritualidade adaptada aos tempos modernos, levaram a minúscula associação de padre Pestarino a tornar-se, após algumas dezenas de anos, uma das congregações femininas mais ativas e mais numerosas da Igreja.

"Dom Bosco, suas constituições estão aprovadas!"

Em 1872, haviam decorrido três anos após a aprovação de sua congregação. Dom Bosco achou que estava na hora de pedir a aprovação das constituições. Roma havia reconhecido sua validade. Sua estrutura ainda um pouco instável seria estabilizada. Enquanto preparava uma nova investida aos escritórios administrativos romanos, ele descobriu bem perto de si, em Turim, um inesperado adversário de seus projetos: Dom Gastaldi.

Ora, em 1869, esse bispo tinha enviado a Roma uma carta elogiosa a respeito da congregação de Dom Bosco. Essa carta havia provavelmente influenciado na aprovação de 1º de março. Mas, de um tom bem diferente, foi a carta datada de 24 de outubro de 1872, afirmando a Dom Bosco que conhecia o seu desejo de obter da Sé apostólica "a aprovação definitiva de sua congregação"; mas antes disso, ele deveria submeter, daí em diante, seus candidatos a sacerdotes a exames especiais perante sua cúria. Mais ou menos conscientemente, Dom Gastaldi seguia os passos de Dom Riccardi em 1868 e 1869.

Dom Bosco protestou. Mas, alguns dias depois, uma outra carta do arcebispo deplorava o frágil espírito religioso dos discípulos de Dom Bosco. Sua instituição necessitava de um apostolado análogo ao dos padres jesuítas. Dom Gastaldi declarava-se disposto a opor-se à aprovação romana da sociedade salesiana, se esse ponto não fosse regularizado. Dom Bosco reagiu mais uma vez: após uma seleção rigorosa durante os estudos secundários, os candidatos deveriam passar dois anos em Turim, onde teriam "a cada dia" leitura espiritual, meditação, visitação ao Santíssimo Sacramento, exame de consciência e, a cada noite, uma breve exortação, em geral estabelecida para cada um deles. Acrescentem-se a isso duas conferências semanais.

Dom Bosco não compreendia, evidentemente, a maneira de agir de seu arcebispo. Por isso, quando, no início de 1873, começou a recolher nas dioceses do Piemonte "informações" canônicas a respeito de sua sociedade para a aprovação desejada, ele se apoiou numa "informação" de Turim com uma opinião que bem se pode adivinhar. Apesar dessa grave desvantagem, após algumas semanas de hesitação, Dom Bosco fez nova tentativa. No dia 1º de março, em Roma, ele mesmo apresentou seu pedido ao papa. As constituições de sua Sociedade de São Francisco de Sales, que haviam sido mais ou menos corrigidas no decurso dos anos, constituíam a peça principal de seu dossiê. Todavia, sua submissão às observações da Congregação dos Bispos e Religiosos ainda era falha.

Ele desfrutava então, na capital, de uma consideração especial pelo papel que desempenhara num litígio político-religioso. Servira de intermediário entre o governo italiano e a Santa Sé na questão do poder temporal dos bispos recém-nomeados.

Regressando a Turim, recebeu uma longa série de observações a respeito de seu texto constitucional. A Congregação romana dos Bispos e Religiosos retomava as idéias de Dom Gastaldi sobre a educação salesiana. Os noviços deveriam ser reunidos numa casa de noviciado. Exigia-se deles total separação dos professos e uma *única* (sublinhado no texto original) ocupação nos solitários exercícios de meditação, *sem que eles pudessem ser aplicados às obras do instituto de ensino* (sublinhado no texto original). Quanto aos estudos, a congregação romana queria que "os aspirantes ao sacerdócio, todos eles, se dedicassem aos estudos de teologia, num colégio particular do instituto de ensino ou em algum seminário, sem se entregarem às obras da congregação". O espírito geral dessas instruções estava de acordo com o dos estatutos da importante sínodo diocesano, que Dom Gastaldi reuniu em Turim no mês de junho daquele mesmo ano.

No dia 29 de dezembro de 1873, Dom Bosco retornou a Roma em companhia do seu secretário, Berto. Ele esperava solucionar duas pendências: a aprovação definitiva de suas constituições e a questão do poder temporal dos bispos. Durante a primeira quinzena de janeiro, ele alimentou grandes ilusões a respeito da segunda questão; depois, em fevereiro, sua decepção foi da mesma dimensão de suas esperanças. A partir daí, ele se dedicou unicamente às suas constituições. Ele não se havia curvado senão a alguns pontos secundários das observações da Congregação dos Bispos e Religiosos. Em um texto revisado, impresso em Roma no mês de janeiro de 1874, a inserção de dois novos capítulos, um sobre o noviciado e outro sobre os estudos, não lhe permitia esperar grande coisa. Os citados capítulos, de piedosas recomendações, não previam de maneira nenhuma a originalidade dos noviciados e das casas de estudos estruturados na Sociedade de São Francisco de Sales.

Uma comissão de quatro cardeais foi designada pelo papa para o exame das constituições de Dom Bosco. Desde que tomou conhecimento da composição daquela comissão, ele começou a tentar convencer seus examinadores sobre a oportunidade de suas escolhas. Para tanto, teve entrevistas com o secretário da Congregação dos Bispos e Religiosos, Dom Vitelleschi, e com os cardeais da comissão: Patrizi, de Luca, Bizzarri e Martinelli. As cartas de Dom Gastaldi, anexadas ao seu processo, muito o inquietavam; ele se esforçou para refutar suas críticas. Tentou também colocar a Providência Divina do seu lado.

No dia 16 de março, uma circular aos seus cento e quarenta e oito padres e cento e três noviços, lhes ordenava três dias de jejum e de orações em preparação para o dia 24 de março, quando a decisão da comissão cardinalícia deveria ocorrer. Porém, naquele 24 de março a comissão não havia chegado a uma conclusão: uma segunda reunião seria necessária, no dia 31. Dom Bosco retomou seus passos. Uma pequena exposição por ele elaborada tentava responder às objeções de Dom Gastaldi. Outra decepção: no dia 31, os cardeais, por não terem conseguido unanimidade, não quiseram propor ao papa a aprovação *definitiva* das constituições de Dom Bosco. Pio IX decidiria.

Dom Bosco e seu companheiro não deram nenhum passo até o dia 3 de abril, que, em 1874, era Sexta-feira da Paixão. Muito feliz de poder fazer um favor a um padre que amava, Pio IX concordou com ele em tudo. Naquela noite, Dom Vitelleschi viu aproximar-se dele um Dom Bosco ansioso: "Dom Bosco", disse-lhe ele, "meus parabéns. Suas constituições foram definitivamente aprovadas."

— Excelência, receba isto! E Dom Bosco lhe entregou um enorme caramelo.

No dia de Páscoa, um telegrama assinado pelo seu secretário, mas redigido por Dom Bosco, foi enviado às casas salesianas: "Problemas completamente solucionados. Agradeçam ao Patrono. Receberão cartas. Boas festas. Berto". O "patrono" a quem deviam agradecimentos não era o Pai dos Céus, mas ele, Dom Bosco, pois havia finalmente vencido uma batalha diplomática que durara dez anos.

Os colaboradores salesianos, membros externos da congregação

É verdade que a aprovação de Roma sancionara um texto em certos trechos muito diferente do que havia sido proposto por Dom Bosco. Ele recuara muito durante os últimos combates. Todavia, também cuidara com muito tato das posições para as quais recuara.

Até o mês de janeiro de 1874, ele mantivera nas suas constituições um capítulo *Sobre os membros externos*, que a Congregação dos Bispos e Religiosos exigiu que fosse suprimido: "Toda pessoa que vive em sua própria casa, no seio de sua família, pode pertencer a esta sociedade", dizia o capítulo. Não haveria votos para esses membros externos, mas um simples engajamento na obra em favor dos jovens e das crianças, de acordo com o espírito da Sociedade de São Francisco de Sales e sob a direção de seu superior-geral.

A congregação romana tinha excelentes razões para recusar esse tipo de afiliação, fonte de perturbações no mundo dos religiosos. Dom Bosco excluiu o capítulo, mas não renunciou à idéia. Da mesma forma que são Francisco de Assis e são Domingos, ele teria uma ordem terceira. Não tinha começado seu oratório de Turim dessa maneira, com os leigos e sacerdotes de boa vontade? Ele preparou, no fim de 1873, um regulamento para os sacerdotes e os leigos que o seguiam. Uma edição impressa foi publicada em 1874. Em 1876, o título definitivo do documento: "*Colaboradores salesianos*, ou uma maneira prática de contribuir para os bons costumes e de servir a sociedade civil" enunciava a orientação.

Tratava-se de uma ação social. A congregação salesiana oferecia aos colaboradores um "laço de união", um estilo de espiritualidade, tipos de ações caritativas e uma estrutura orgânica. A fórmula de Dom Bosco, talvez demasiadamente flexível, permitiu-lhe reunir em torno de si centenas, depois milhares de pessoas de boa vontade durante os últimos anos de sua vida.

Sua participação entusiástica seria um sinal da solidez do edifício alicerçado entre 1859 e 1874: uma sociedade de homens que tinham como patrono são Francisco de Sales; um instituto de ensino feminino confiado a Maria Auxiliadora; uma espécie de ordem terceira intimamente ligada à sociedade dos homens, sem esquecer uma igreja de Maria Auxiliadora em Turim, centro de uma mística que Dom Bosco conseguiu para si mesmo.

4. Para além das fronteiras

A opção pela Argentina

Quando, em 1869, Roma aprovou a congregação salesiana, os bispos de países chamados de missões tentaram obter a ajuda de Dom Bosco para a China, o Egito, a Califórnia e a Índia. Esses projetos não foram bem-sucedidos. Ao contrário, em 1874, durante os meses de euforia que se seguiram à aprovação definitiva das constituições da sociedade salesiana, os pedidos de um cônsul da Argentina orientaram repentinamente Dom Bosco em direção a esse país.

João Batista Gazzolo, italiano de origem, emigrara para a Argentina, ligara-se a pessoas influentes, contribuíra em Buenos Aires para a construção de uma igreja para seus compatriotas que também haviam emigrado; e, em 1870, tornara-se, graças às suas relações, cônsul de seu país de adoção em Savone, na Riviera italiana.

Ativo e empreendedor, estava também a serviço dos emigrantes italianos, que chegavam em grandes grupos à América do Sul. Como, na mesma época, Dom Bosco tinha fundado dois colégios na costa, um em Alassio, outro em Varazze, os desejos do padre bateram em cheio com os do cônsul. Conversaram. Gazzolo, que procurava, para sua república argentina, não somente agricultores vigorosos, mas padres zelosos, falou de uma possível emigração de salesianos para aquele país.

— Por que não? — disse-lhe Dom Bosco.

Gazzolo conhecia bem o arcebispo de Buenos Aires. Uma carta circunstanciada do cônsul, datada de 30 de agosto de 1874, tecia elogios ao "reverendo padre Dom Bosco, superior da congregação salesiana, que fora recentemente aprovada pela Santa Igreja Romana". Esse "santo padre, que se ocupa especialmente da juventude pobre", poderia, acreditava ele, "ser útil aos jovens argentinos". A visita aos colégios e abrigos fundados por ele fizera nascer no espírito do cônsul a idéia de que "aquela instituição faria um grande bem à república argentina".

Padre Bosco tomou conhecimento de que o papa e o prefeito da Congregação romana para a Propagação da Fé eram favoráveis à abertura de "algumas missões na Argentina"; estariam, pois, "ao seu dispor com alguns padres que, por seu espírito religioso, muito prometiam". Dom Bosco havia então, por intermédio do cônsul, apresentado seu desejo de abrir um instituto salesiano na Argentina.

O arcebispo de Buenos Aires enviou por escrito ao cônsul Gazzolo sua aprovação para um serviço pastoral dos salesianos na capital. Simultaneamente, um padre italiano emigrante, chamado Ceccarelli, pároco de uma pequena cidade (San Nicolas de los Arroyos), localizada a cerca de trezentos quilômetros ao sul de Buenos Aires, informado da vinda dos salesianos, solicitou a Gazzolo a ida dos discípulos de Dom Bosco para um colégio totalmente reformado de sua paróquia, para o qual faltavam professores e educadores.

Dom Bosco apressou-se em aceitar. Em seguida, na véspera da festa pastoral de são Francisco de Sales, de 1875, no dia 28 de janeiro, ele comunicou aos seus colaboradores, reunidos em Turim para o evento, a grande novidade. E, no dia seguinte, organizou, na imensa sala de estudos do Valdocco, uma sessão solene de informação. Ele se colocou sobre um estrado cercado por uma dúzia de "diretores". A seu sinal, o cônsul Gazzolo, homem imponente e, naquele dia, vestindo seu traje de gala e ornamentado por numerosas e reluzentes condecorações, leu as cartas que lhe tinham sido endereçadas da América pelo secretário de Buenos Aires e pelo pároco, padre Ceccarelli. Dom Bosco se levantou. A Argentina aguardava os salesianos; para aceitar sua oferta extremamente honrosa, não lhe faltava senão a aprovação, evidentemente assegurada, do papa Pio IX. Sua atuação preventiva junto ao cônsul não deveria vir a lume:

se por acaso este mostrasse algum interesse, a posteridade poderia adivinhá-la facilmente.

O italiano possui a característica de viajante. De súbito, as vocações missionárias começam a desabrochar em Valdocco. Os candidatos se declararam a favor de uma missão que, pensavam eles, da mesma forma que Dom Bosco, iria espalhar-se rapidamente entre os "selvagens" da Patagônia. Para aumentar as suas chances de serem escolhidos, alguns deles solicitaram aos religiosos mais influentes que concordassem em apadrinhá-los. Inicialmente, só os religiosos se encarregariam da missão argentina. Os leigos se queixaram: "Não somos bons em tudo; mas ensinaremos o catecismo, varreremos a casa, lavaremos a louça... e, além disso, ajudaremos a lavrar a terra e a fazer qualquer coisa, contanto que nos enviem para lá".

Dom Bosco os compreendia. No dia 12 de maio ampliou o convite:

— Haverá trabalho para todas as pessoas. Precisamos de pregadores, pois há duas igrejas públicas para pôr em funcionamento; precisamos de professores para as escolas; precisamos de cantores e músicos, porque lá as pessoas gostam muito de música; precisamos de pessoal para levar os animais para os pastos, para a tosquia, para tratá-los, para fazer queijo. Precisamos também de pessoas para todos os trabalhos domésticos.

Todavia, Dom Bosco teve o cuidado de terminar pelo "mais importante": a pregação do Evangelho às tribos indígenas próximas a San Nicolas de los Arroyos.

Dez "missionários", isto é, seis padres e quatro religiosos leigos (um marceneiro, um sapateiro, um mestre de música e um empregado de serviços caseiros) foram designados para a Argentina. Depois de terem recebido, em Roma, a bênção do papa, realizou-se em Turim, no dia 11 de novembro, a comovente cerimônia de despedida. Na manhã seguinte, aconteceu um culto pelos mortos e o batismo de um valdense de dezoito anos, celebrado pelo padre Cagliero, chefe da expedição. Isso criou na casa um ambiente de emoção. Será que alguém ainda veria novamente aqueles heróis migrantes?

No final, os missionários apareceram no coro da igreja Maria Auxiliadora usando suas novas roupas: traje eclesiástico à moda espanhola e barrete embaixo do braço para os padres; vestes escuras e chapéus na mão para os leigos. Para anunciar o Evangelho, eles iriam expor-se voluntariamente a grandes perigos. Dom Bosco reprimiu com dificuldade os soluços em seu discurso de adeus. Depois, enquanto um grupo de crianças entoava e repetia um cântico de louvor, em uma longa fila, ele próprio e os padres presentes deram, de coração, o abraço de despedida aos que iam partir. E os dez, ainda naquela noite, partiram da estação de Turim para Gênova, a fim de atravessar o oceano e chegar à América um mês depois.

"Buscai as almas, não o dinheiro nem as honrarias nem as distinções", havia recomendado Dom Bosco aos seus missionários. Ele estava lançando a expansão da obra naquele 11 de novembro de 1875.

Seus missionários ficaram por algum tempo confinados nas igrejas; uma parte deles, porém, logo avançou para a Patagônia e para a Terra do Fogo. Daí, os salesianos não tardaram a emigrar para o Uruguai, o Brasil, o Chile e até o Equador. Dom Bosco havia atravessado os mares.

Nice e Provença

Em 1875, paralelamente à expedição para a Argentina, Dom Bosco preparou a entrada de seus discípulos em território francês. A França foi, na realidade, o primeiro país estrangeiro a acolhê-los. Até 1860, o condado de Nice fazia parte dos estados sardos e dependia de Turim. A cessão de Nice e da Savóia foi o preço pago por Cavour a Napoleão III por sua ajuda durante a guerra da independência de 1859. É verdade que a incorporação de Nice à França em 1860 não foi recebida com tanto entusiasmo quanto a da Savóia, que era o berço da dinastia reinante no Piemonte. Quinze anos após a anexação,

Nice, voltada mais para Gênova do que para Marselha, ainda permanecia em parte italiana. Dom Bosco percebeu as vantagens dessa situação para sua entrada em território francês.

O advogado Ernest Michel, presidente da Irmandade de São Vicente de Paulo em Nice, abriu-lhe as portas. Em 1874, aqueles senhores haviam criado em sua cidade, nas proximidades dos majestosos hotéis, um pequeno "patronato de aprendizes", com o qual sonhavam há muitos anos. Mas eles se confessavam incapazes de administrá-lo corretamente. O senhor Michel recorreu a Dom Bosco, com o qual se encontrou em Turim. Aproveitando a oportunidade, ele lhe disse: "Eu enviarei dois padres, reserve-lhes um quarto para se abrigarem da chuva e um pouco de comida todos os dias". Por volta de 10 de dezembro seguinte, ele transpôs pela primeira vez a fronteira francesa a fim de regularizar a entrada de seus discípulos em Nice. O bispo, Pierre Sola, que tinha sido pároco no Piemonte até sua escolha para Nice em 1858, tinha por Dom Bosco uma admiração de longa data.

Se bem que pouco favorável aos religiosos, ele aderiu também ao seu projeto de Nice. Diplomata, até para evitar a sombra de um movimento separatista pró-italiano, Dom Bosco, de início, retraiu-se o mais possível. Durante os três primeiros meses após ter assumido a direção do "patronato de aprendizes", então razoavelmente instalado em uma usina desativada nas margens do rio Paillon, o bispo Sola e a Irmandade de São Vicente de Paulo ocuparam o primeiro plano da cena.

Por volta de 21 de novembro, ele próprio levou da Itália o pessoal que iniciaria os trabalhos, ajudou-o a se instalar, mas desapareceu na véspera da inauguração, no dia 27 de novembro, que foi presidida pelo bispo Sola. Alfred Thureau-Dangin, vice-presidente do conselho-geral da Sociedade de São Vicente de Paulo, representou as autoridades parisienses das irmandades. As modestas instalações do patronato intitulado "de São Pedro" agradaram a Dom Bosco. Suas pequenas proporções, sua pobreza e seu "oratório", objetos de simpatia do bispo e de alguns burgueses de Nice, faziam-no lembrar as condições de sua casa Pinardi de trinta anos atrás.

Porém, os salesianos sentiam-se com pouco espaço. Eles estavam interessados em uma "mansão" à venda nas proximidades, do outro lado do rio. A Irmandade de São Vicente de Paulo dispôs-se a ajudar. Dom Mermillod, pessoa muito conhecida nos meios católicos, foi convidado para dizer algumas palavras solicitando donativos. Dom Bosco, chamado devido à situação, achou que o tempo de semiclandestinidade tinha durado o suficiente. No final de fevereiro de 1876, tendo em mãos o resultado, aliás elevado, da coleta, decidiu pela compra da mansão.

— Você está louco — ter-lhe-ia dito o senhor Michel.

— Homem de pouca fé — teria retorquido Dom Bosco. — Em um mês já teremos o suficiente para a entrada.

Um pré-contrato foi assinado. Cinco meses depois, Dom Bosco ordenou ao diretor Ronchail:

— Diga-lhes — ao advogado Michel e ao barão Heraud, porta-voz da Irmandade de São Vicente de Paulo de Nice — que, pelo fato de terem entrado na dança de comum acordo, agora é preciso que conduzam a música até o fim a qualquer preço, não importa a fadiga, o suor, a insônia e também o perigo. Deus assim exige! (carta de 20 de julho de 1876).

Na volta às aulas de 1876, a obra de Nice que se transferira da usina de Avigdor para a "mansão" Gautier, na praça das Armas, recebia cerca de cinquenta crianças. Dom Bosco presidiu, no dia 12 de março de 1877, à inauguração dessas novas e definitivas instalações. Naquela ocasião, ele se esforçou para explicar aos franceses — que se mostravam preocupados — seu programa educacional. O fascículo impresso a respeito daquela inauguração tinha anexo um breve tratado escrito sobre o *Sistema preventivo na educação da juventude*, a única exposição teórica deixada por ele a respeito de seu método pedagógico.

Em 1877, Nice havia definitivamente adotado Dom Bosco. Por que não prosseguir? O senhor Michel levou a Marselha a notícia do entusiasmo dos habitantes de Nice. O bispo de Fréjus precisava também da ajuda dos salesianos. A seu pedido, em julho de 1878, Dom Bosco assumiu, nas cercanias de Toulon, a responsabilidade por duas "colônias agrícolas" que corriam o risco de serem desativadas. Naquele mesmo mês, o padre Guiol, da paróquia de são José de Marselha, acolhia também os salesianos que ele havia solicitado.

Eles fundaram ali um oratório, à semelhança do oratório de Valdocco em Turim. A partir daí, Provença não bastava mais para Dom Bosco. Em dezembro de 1878, ele assumia a obra dos Órfãos Aprendizes de Auteuil, fundada em Paris pelo abade Louis Roussel havia doze anos. As duas partes chegaram a assinar um contrato de parceria, mas Dom Bosco no final recuou, por temer falhar em sua entrada na capital francesa. Contudo, em 1884, ele fundou sua obra em Paris e em Lille.

Dom Bosco conduzira pessoalmente as negociações. Algumas vezes as tarefas por ele aceitas eram exageradas. Por exemplo, as admitidas por contrato com o pároco Guiol, de Marselha, pelas quais os padres salesianos atuariam como vigários e seus alunos como coroinhas e componentes do coral, suscitaram uma veemente reação da parte dos interessados. Os salesianos do oratório se declararam em greve de serviços fúnebres e outros. Interpelado, o conselho superior salesiano de Turim deu-lhes razão. Aquela indignação, os ataques, dirigidos também a Dom Bosco, não conseguiram irritá-lo. Finalmente, em janeiro de 1880, Dom Bosco, que reconhecera seu erro, conseguiu com muita dificuldade tranqüilizar o padre Guiol.

Na mesma época, um traço característico de sua bondade conquistou a cidade. O fato foi o seguinte: um dia, ao dirigir-se para o oratório Saint-Léon, em uma esquina próxima daquela casa, deparou-se com um jovem em lágrimas, transido de frio e esfomeado. Ele o fez entrar, comer, e depois conversou com ele. O menino, órfão de pai e mãe, estava sem casa. No oratório, embora lotado, ele encontrou uma cama. Pessoas que passavam no local assistiram à cena na rua e tomaram conhecimento do que se seguira. A história da rua Beaujour passou de boca em boca; e Dom Bosco recebeu de todos muitos elogios. "Esse padre é um santo; aliás, sua bênção faz milagres!"

O primeiro capítulo-geral dos salesianos

A múltipla obra de Dom Bosco floresceu. Ao cabo de cinco anos de existência, as Filhas de Maria Auxiliadora já somavam oitenta religiosas distribuídas por sete comunidades. Depois de 1875, a cada ano, os noviços do instituto masculino, recrutados em sua maioria nas escolas salesianas, passavam de uma centena. Faltava consolidar as estruturas e dividir as responsabilidades. Isso seria feito em conjunto.

As constituições salesianas de 1874 previam a realização de capítulos-gerais de três em três anos. Em abril de 1874, Dom Bosco esboçou um esquema de trabalho para uma próxima assembléia a ser realizada. Os capitulares foram convocados para reunirem-se no dia 5 de setembro no colégio salesiano de Lanzo. Esse capítulo-geral deveria, em um mês, definir as aplicações práticas das constituições. Sob a direção de Dom Bosco, isso foi feito. Suas intervenções, devidamente registradas, orientariam por muito tempo a ação de seus discípulos.

Os participantes jamais discutiram suas diretrizes. Quando muito, poderia haver entre eles algum receio quanto ao dia do mês de outubro, ou quanto aos problemas da política que seriam oportunamente abordados no Boletim Salesiano. Dom Bosco recusava obstinadamente qualquer tomada de posição política por si e pelos seus, inclusive pelos colaboradores. Pois desse modo, ele aceitaria em seu país um poder aviltante por parte dos católicos intransigentes. Eles teriam, de bom grado, construído na Igreja uma contra-sociedade italiana. Ao contrário, Dom Bosco, mais ou menos abertamente, "transigia". Aos olhos de muitos, ele era tido então como um covarde ajoelhado aos pés dos salteadores do papa. Dom Bosco desenvolveu, diante de seus confrades muito atentos, sua teoria a respeito da distinção dos poderes de Deus e de César:

– O Evangelho e Jesus Cristo estão acima de tudo. O importante para nós é poder realizar nosso trabalho com os jovens. Que nos deixem em paz! Isso é tudo!

As frases inacabadas, as evasivas dos discursos revelavam as contidas hesitações de uma parte da assembléia.

Dom Bosco assentou de muitas maneiras os alicerces do futuro salesiano. Naquele mesmo ano de 1877, colocou um ponto final em suas *Memórias do oratório de são Francisco de Sales*, no qual seus rapazes poderiam tirar, segundo ele, lições a partir de suas experiências. Os regulamentos gerais foram publicados. Pouco amigo de colocações impecáveis e de disposições minuciosas, Dom Bosco definiu as funções, as missões e os métodos. Ele possuía o senso da necessária organização da vida social. Perspicaz, insistia, porém, na trama sólida de uma ordem conjunta, à qual jamais renunciou.

Dom Bosco, o reformador

No fim de outubro de 1876, por ordem de Pio IX, uma carta do cardeal Bilio confiava a Dom Bosco a tarefa de reformador, na qual ele não obteve sucesso. Seu fracasso foi no caso das *Concettini,* congregação das Filhas da Imaculada.

Fundada em Roma no dia seguinte à definição do dogma da Imaculada Conceição de Maria (8.12.1854) e pela qual Pio IX tinha especial simpatia, as religiosas dessa congregação dedicavam seu tempo em diversos hospitais da cidade e da região. Seus capelães capuchinhos as consideravam membros da Ordem Terceira de São Francisco de Assis. Em 1876, o papa, com a intenção de dar-lhes uma definição, dispensou os capuchinhos e colocou-as aos cuidados de Dom Bosco.

Este levou o problema muito a sério. Baseado nas instruções do papa, queria ajustar as constituições das religiosas às dos salesianos, acreditando ser necessário agregar as *Concettini* à sua própria sociedade religiosa. Esse projeto não agradou a muitos e acabou subitamente. As *Concettini* receberam um superior-geral. Contrariando o desejo de Dom Bosco e desse superior, a reforma tomou outro caminho. Embora as irmãs venerassem e amassem os salesianos, entenderam que não deviam renunciar à sua autonomia. No entanto, Dom Bosco persistia. De acordo com a ata oficial da assembléia geral de setembro/outubro de 1877, outro sacerdote foi legalmente indicado para o cargo de "diretor espiritual das *Concettini* em Roma". Naquela data, apoiadas pelo alto clero romano, as *Concettini* ganharam a causa. Dom Bosco perdera seu mandato de visitador apostólico junto às irmãs e teve de admitir que havia fracassado.

Em Turim, muitos teriam naquela época de bom grado invertido os papéis e solicitado uma inspeção por parte do papa, uma visita apostólica, para a instituição de Dom Bosco. Havia quatro anos, o arcebispo Gastaldi tinha empreendido a reforma de sua diocese, a começar do clero. Ele aplicara com rigor a pastoral do Concílio de Trento, que, trezentos anos antes, havia dado notoriedade ao arcebispo de Milão, Carlos Borromeu. Dom Bosco atrapalhara seus planos. Ele lamentava que o clero de Valdocco tivesse sido recrutado, instruído e educado em um espírito e segundo métodos que não aprovava. Algumas semanas depois do decreto de 1874 aprovando as constituições dos salesianos, Dom Gastaldi havia começado a se queixar ao papa de uma divisão insuportável na administração de sua diocese. Pio IX, que bem conhecia a pessoa de Dom Bosco e cujo coração para ele se inclinava, deixou que ele se lamentasse durante muito tempo.

Contudo, em Roma, as coisas começaram a mudar. No final de 1876, a Congregação dos Bispos e Religiosos recebeu um novo chefe na pessoa do cardeal Innocenzo Ferrieri. Esse diplomata de carreira conhecia apenas o

Pio IX, papa de 1846 a 1878.

direito e suas aplicações. A argumentação de Dom Gastaldi convenceu-o mais do que a de Dom Bosco. Desde que tomara conhecimento dos dossiês, pareceu-lhe que este não dera importância aos decretos de Roma a respeito da necessidade das "cartas testemunhais" (cartas por meio das quais o bispo certifica as aptidões do ordenando), e também que ele havia ordenado clérigos incompetentes. Uma carta muito seca levou o fato ao conhecimento de Dom Bosco, que se defendia invocando os privilégios concedidos pelo papa.

As hostilidades, sempre latentes entre a cúria de Turim e o Valdocco, ressurgiram em junho de 1877. Monsenhor Gastaldi proibiu a missa pontifical já anunciada que o arcebispo de Buenos Aires (aquele que havia chamado os salesianos para a Argentina), em visita a Turim, deveria celebrar na igreja de Maria Auxiliadora, no dia 29 daquele mês, festa de são Pedro e são Paulo. Aquela celebração iria fazer concorrência a sua cerimônia que, na mesma hora, seria realizada na catedral. Decepcionado, o arcebispo argentino deixou a cidade antes do espetáculo teatral organizado em sua honra no Valdocco. Imagine-se o desgosto de Dom Bosco, que tentara agradar de todas as maneiras o arcebispo de seus missionários da América.

Em agosto do mesmo ano, às vésperas do capítulo-geral de Lanzo, outro problema complexo desencadeou a irritação do arcebispo. Cheio de mal-entendidos e de procedimentos intencionais, ele apresentou um dossiê de suas recriminações ao novo prefeito da Congregação dos Bispos e Religiosos.

O fato foi o seguinte: no dia 13 de agosto, um padre da diocese de Ivrea, apresentado pelo pároco, solicitou o ingresso na Sociedade de São Francisco de Sales em Turim. Ele foi admitido. O bispo de Ivrea — que tinha rompido com Dom Bosco depois de doze anos de bom relacionamento — enviou simultaneamente para a cúria de Turim, contra aquele padre, um decreto de suspensão das *ordens sacerdotais* por motivos não esclarecidos. O decreto o proibia formalmente de celebrar missas.

Nos dias 22, 23, 24 e 25 de agosto, uma troca diária de cartas administrativas entre a cúria de Turim e o diretor do oratório, Lazzero, resultou na expulsão do padre postulante da casa salesiana. Na opinião do arcebispo, o Valdocco era um reduto de padres interditos. Em seguida, a 25 de agosto, o caso modificou-se brutalmente. Uma advertência da cúria dizia: "Nem ele (o postulante) nem qualquer sacerdote poderiam celebrar missas nas igrejas que não pertencessem à sua ordem religiosa sem a permissão do Bispo". A ordem foi interpretada ao pé da letra pelo diretor Lazzero (e também por Dom Bosco, que se encontrava na casa dele).

Monsenhor Lorenzo Gastaldi,
arcebispo de Turim de 1871 a 1883.

No sábado, 25 de agosto, notas assinadas por Lazzero informavam às instituições e às paróquias que, salvo permissão expressa do arcebispo, os salesianos não poderiam, daí em diante, para seu grande pesar, celebrar missas nem realizar seus serviços dominicais costumeiros. Conseqüência previsível: no domingo

26 de agosto, centenas e até provavelmente milhares de habitantes de Turim não puderam assistir à missa. "É um erro do arcebispo, que dá ordens a torto e a direito", bradavam os salesianos. "Parece que Dom Bosco e seus padres procuram por todos os meios desmoralizar a autoridade diocesana", protestava Dom Gastaldi, que puniu imediatamente o ingênuo Lazzero com a suspensão de seus poderes de confessor. E o arcebispo, de um lado, e Dom Bosco, do outro, foram impedidos de expor suas queixas ao cardeal Ferrieri.

A tensão elevou-se tanto que Dom Gastaldi, não sem razão, suspeitando das informações propaladas a seu respeito pelo oratório de Valdocco, tomou uma séria decisão. Caso Dom Bosco se atrevesse a publicar "qualquer escrito contra o atual arcebispo de Turim, e o apresentasse a quem quer que seja, com exceção do sumo pontífice e dos eminentíssimos cardeais das sacras congregações romanas", perderia, no mesmo instante, o poder de confessar e estaria suspenso. Estava claro que Dom Bosco não poderia defender-se apelando para a opinião pública.

O cardeal Ferrieri tomou o partido de Dom Gastaldi. Só o idoso papa — já com oitenta e cinco anos — poderia fazer-lhe justiça, pensava Dom Bosco. Partiu, então, para Roma no dia 18 de dezembro. A acolhida não teve o calor compreensivo que ele esperava. Alguns cardeais o receberam e o escutaram. Inicialmente, ele apresentou longas argumentações a respeito da conduta de seu arcebispo ao cardeal prefeito da Congregação dos Bispos e Religiosos, e, em seguida, a seu secretário. Os consultores mostraram-lhe seu descontentamento. Porém, Pio IX se lhe tornara inacessível. Ele que, em outras ocasiões tão próximas, havia sido recebido pessoalmente pelo papa em seus aposentos, não pôde obter sequer uma audiência. No Vaticano, um verdadeiro complô tinha sido urdido contra Dom Bosco, afirmaram os salesianos. No dia 7 de fevereiro de 1878, o papa morreu. No dia 12, Dom Bosco pôde apenas contemplar o seu cadáver estendido sobre um leito solene em uma capela da basílica de São Pedro. Um ano antes, ele conduzira, sob as ordens daquele pontífice, a reforma das religiosas *Concettini*. Por haver fracassado nessa missão, e agora sendo objeto de graves acusações pela conduta de sua congregação em Turim, de juiz ele passara a acusado. O arcebispo Gastaldi não pretenderia refazer sua própria instituição?

Leão XIII e a igreja do Sagrado Coração em Roma

No dia 20 de fevereiro de 1878, Joaquim Pecci, cardeal desconhecido de Dom Bosco, foi eleito papa e tornou-se Leão XIII. Dom Bosco, ainda presente em Roma, conseguiu, três semanas depois, ser recebido por ele em audiência privada. O papa, malgrado as acusações, tratou-o com muita cordialidade. Até encorajou sua ação missionária.

Leão XIII favoreceu, ainda que indiretamente, a criação de uma casa salesiana em Roma. Dom Bosco almejava por isso desde 1867, mas o clero local tinha sempre criado empecilhos aos seus projetos. A opinião pública católica desejava que uma igreja dedicada ao Sagrado Coração fosse construída no centro da cristandade. As plantas já haviam sido traçadas, os alicerces preparados; mas, devido à falta de dinheiro, as obras estavam paradas. Em 1880, por indicação do cardeal-coadjutor, pessoa encarregada da pastoral da cidade, Dom Bosco aceitou assumir a construção do santuário. Com uma condição: poder erguer nas proximidades da igreja uma obra semelhante à de Valdocco de Turim. O acordo foi assinado por ele e pelo cardeal-coadjutor, após a aprovação do sumo pontífice. Dom Bosco dedicou muito tempo e sofreu enormemente por essa igreja. A generosidade de alguns amigos, sobretudo franceses, permitiu-lhe vê-la pronta alguns meses antes de sua morte.

O caso dos libelos

Mais um conflito grave ensombreou a vida de Dom Bosco durante os cinco primeiros anos do pontificado de Leão XIII. O zelo reformador de Dom Gastaldi havia suscitado contra ele a inimizade de uma parte do seu clero. O arcebispo acreditava ser Dom Bosco um dos instigadores secretos de uma rebelião que manifestos impressos tornavam pública.

O estopim do conflito foi o salesiano João Bonetti, padre generoso, impetuoso, inteligente, porém muito seguro de si, e que tinha sido nomeado por Dom Bosco redator do Boletim Salesiano, órgão oficial da congregação, e diretor espiritual de um "oratório" de meninas na cidade de Chieri, nas proximidades de Turim. Em 1878, seus artigos belicosos a propósito de uma igreja a ser construída em Turim para honrar a memória de Pio IX opunham-se ao arcebispo, que queria honrar essa memória por meio de outra igreja em construção.

O arcebispo endereçou então este "pedido" a Dom Bosco: "Peço-lhe mais uma vez que advirta com toda veemência o redator do Boletim Salesiano para deixar em paz o arcebispo de Turim e os outros bispos. A pretensão de que se arrogam certos jornalistas que se dizem católicos, que querem zombar dos mestres, dos examinadores, dos juízes e dos superiores bispos, aos quais é ordenado: essa pretensão é um grave escândalo, causa de imensos danos à nossa santa religião. Oponho-me com todas as minhas forças a tal pretensão, que é essencialmente ímpia e cismática" (carta de 20 de julho de 1878).

Durante o mesmo mês, o diretor espiritual do Oratório Santa Tereza de Chieri sobressaiu-se naquela pequena cidade. Centenas de meninas entusiasmadas por suas palavras e pelas irmãs salesianas que organizavam cursos de alfabetização para elas acorriam ao Oratório deixando a igreja do padre Oddenino quase vazia. Os objetivos bem-sucedidos do salesiano foram julgados ultrajantes pelo pároco. O arcebispo o apoiou. No dia 12 de fevereiro de 1879, padre Bonetti foi suspenso de seus poderes de confessor. Como a humildade não era sua qualidade principal, ele protestou, apelou contra essa sentença injusta e arrastou Dom Bosco e os salesianos para o campo das vítimas do arcebispo.

Essas "vítimas" tiveram porta-vozes em autores anônimos de escritos difamatórios contra Dom Gastaldi que foram publicados entre 1877 e 1879. Dom Bosco teve de protestar publicamente, pois essas brigas não ajudavam em nada sua obra.

Padre Bonetti prestou queixa em Roma contra sua suspensão. O arcebispo se defendeu; depois, após um julgamento que não lhe deu razão, tomou a ofensiva, denunciando formalmente padre Bonetti e Dom Bosco pela colaboração deles nos últimos libelos divulgados a seu respeito.

A complicada batalha, iniciada em 1880, durou dois anos. O arcebispo multiplicou as

Vítor Emanuel II, rei da Itália
(1820-1878)

cartas; padre Bonetti e Dom Bosco multiplicaram os relatórios e as informações. Os cardeais, seus juízes, acumulavam as argumentações.

No meio do ano de 1882, o caso foi enfim resolvido por decisão de Leão XIII, que reservou para si a solução dos litígios. Dom Bosco foi a Roma para se defender por meio de longas conversações com os cardeais. Como sinal de seu extremo desespero, ele declarou então, por escrito, ao cardeal Nina, "protetor" de sua congregação: "Depois de alguns dias, o arcebispo de Turim espalhou — e ele mandou me dizer por intermédio de nossos próprios religiosos — que Dom Bosco é o mais infame dos homens. Que ele é um impostor; inventa milagres, depois os enfeita e os manda publicar por escrito em honra de Nossa Senhora. Que Roma finge não saber o que ele faz, pois em Roma tudo funciona entre comadre e compadre" (carta do dia 8 de maio de 1882).

Depois que ele retornou a Turim, o papa impôs aos litigantes um roteiro em sete etapas. Seus representantes em Roma o assinaram e aprovaram na metade do mês de junho. As três primeiras etapas significavam uma estrondosa derrota de Dom Bosco. "1) Dom Bosco deveria escrever ao arcebispo para exprimir seu pesar pelos incidentes que o teriam ofendido; 2) O arcebispo teria de agradecê-lo e assegurar seu perdão; 3) O arcebispo devolveria por intermédio de Dom

Bosco os poderes de confessor para padre Bonetti, comprometendo-se Dom Bosco a não mandá-lo para Chieri durante um ano". Dom Bosco resistiu por três semanas. Ele só cedeu quando seu cardeal protetor fez com que ele compreendesse a inutilidade de sua resistência: o papa havia empenhado diretamente sua autoridade nessa fórmula de acordo. Padre Bonetti ficou muito ofendido. Quanto a Dom Bosco, foi imensa sua tristeza. Os anticlericais de um lado e o clero diocesano de outro ridicularizavam sua congregação.

A grande batalha cessou repentinamente no dia 25 de março de 1883, com o falecimento repentino de Dom Gastaldi, quando se preparava para celebrar a festa de Páscoa. Roma lhe deu por sucessor em Turim o cardeal Caetano Alimonda, grande amigo de Dom Bosco. O Valdocco respirou.

E Dom Bosco atravessa a França

Depois da instalação de seu educandário de Nice em 1875, todos os anos Dom Bosco retornava à Côte d'Azur. Até 1881, ele não ultrapassou Marselha. No ano seguinte, uma rápida viagem o levou a conhecer Toulouse. Em 1883, atendendo ao apelo de amigos parisienses que reencontrara em férias em Nice, ele decidiu observar as grandes cidades entre a Provença e a região do Norte. A maior

Fragmento de uma carta de Dom Bosco à senhorita
Anne Dubouchet, Turim, 13 de junho de 1883.

atenção seria dedicada a Paris, que ele vinha observando havia pelo menos vinte anos. As grandes cidades que encontraria em sua rota iriam ajudá-lo em suas obras em Marselha e nas enormes despesas da igreja do Sagrado Coração em Roma. Ele colocaria em Paris os marcos da fundação com os quais sonhava.

Aos sessenta e oito anos, as pernas inchadas por uma espécie de erisipela, o olho esquerdo perdido, arriscar-se a uma viagem desse tipo poderia ser uma temeridade. Ele também desconfiava um pouco dos franceses. A estabilidade do poder republicano lhe parecia tão problemática, que ele chegou a comparar Paris a um barril de pólvora.

Nada disso o deteve. No dia 2 de abril, em companhia de seu secretário francês, De Barruel, Dom Bosco chegou a Marselha no trem que vinha de Lyon. Chegou a essa cidade em quatro etapas: Avignon, Valence, Tain e Lyon. Em cada parada, fazia pregações em uma das principais igrejas da cidade, dava a bênção às crianças e aos doentes e visitava alguns benfeitores conhecidos. Os dois viajantes desembarcaram em Lyon na noite de 7 de abril. A imprensa católica havia anunciado a passagem de Dom Bosco. No dia 8, sua participação na "celebração da tarde" foi muito comentada. A bênção do santo taumaturgo poderia talvez curar qualquer doença. Diziam até que um mendigo paralítico recuperara, pouco a pouco, o uso de seus membros.

Duas intervenções marcaram as jornadas de Dom Bosco em Lyon: uma no dia 11 de abril, em um centro do bairro operário de Guillotière; outra no dia 14, na sociedade geográfica local. Ao público de cidadãos benfeitores e amigos da obra Boisard, Dom Bosco falou a respeito do sucesso da sociedade para a salvaguarda da infância e da juventude. "Se não cuidares dos jovens, um dia eles virão exigir os vossos bens com uma faca em vossa garganta". Os amantes da geografia ouviram uma exposição a respeito do "progresso da civilização cristã na Patagônia".

Desde que para lá haviam partido, havia três ou quatro anos, os salesianos mandavam informações a Dom Bosco sobre o extremo sul americano. Seus filhos, explicou ele, não apenas catequizavam e batizavam, mas instruíam e civilizavam os índios. No mais, não se vangloriava disso. Segundo o jornalista que fez um relato da sessão, "os missionários enviados para a Patagônia foram muitas vezes vítimas sacrificadas pelos selvagens daquela região. Além disso, eles estão permanentemente expostos à voracidade daquelas hordas de antropófagos. Os conhecimentos etnológicos de Dom Bosco sobre os patagônios eram ainda sumários, mas sua exposição encantou a presidência da sociedade geográfica. Em 1886, ela lhe concedeu uma medalha a título da "civilização da Patagônia".

Os habitantes de Lyon contiveram seu entusiasmo por Dom Bosco nos limites de sua natural moderação. Em Paris, porém, quando apareceu na estação do trem de Lyon no dia 18 de abril, causou interesse e grande entusiasmo.

Jamais, depois de Pio VII em 1804, um padre havia atraído tanta curiosidade, observaram pessoas esclarecidas. Aristocratas de alta hierarquia se acotovelavam na ante-sala e na rua onde estava localizada a casa do bispo, para alguns minutos de audiência com o novo Vicente de Paulo. Esse era o nome que a imprensa, por bem ou por mal, lhe havia concedido. As igrejas que o receberam ficavam repletas antes mesmo de sua chegada. As comunidades religiosas que o convidavam eram invadidas. No dia 2 ou 3 de maio, a rua de Sèvres foi obstruída a partir do meio-dia, na altura do número 31, diante da livraria Adolphe Josse. Dom Bosco teria ali um encontro às 14 horas. Ele só apareceu às 18h30. Quando ele partiu às 8 horas, a multidão na rua ainda o aguardava. Todos queriam beijar sua mão, fazer com que ele tocasse uma medalha ou um rosário. Conta-se que Victor Hugo lhe fez uma visita, não incógnito em uma noite, como se afirmou, mas em uma tarde, na rua La Fontaine, no abrigo dos Órfãos Aprendizes de Auteuil do abade Roussel.

De Paris, Dom Bosco retirou-se para Lille durante dez dias. Missas, palestras, audiências e banquetes preencheram seus dias. Como em Paris, as pessoas aproveitaram-se de sua presença para conseguir uma grande quantidade de relíquias. Naquela ocasião, os franceses lhe "tomaram emprestado" lenços e outras peças de vestuário, trocando-as por novas, para grande satisfação do santo homem. Um de seus anfitriões pagou-lhe um casaco novo para guardar o seu como relíquia. Ele acostumou-se com esse procedimento, que, pensava ele, beneficiaria sua obra.

No dia 28 de maio, ele empreendeu a viagem de volta à Itália, passando por Reims (onde reencontrou Léon Harmel, o ilustre advogado cristão que se tornara seu amigo), Dijon e Dôle (onde foi hóspede da família De Maistre). No dia 31, Turim começou a recolher suas impressões sobre a França e os franceses. Algumas pessoas lhe haviam atribuído tendências pró-monarquistas, que certamente não possuía. Ele havia ido em busca de ajuda financeira e a havia encontrado. Porém, decididamente, nos salões parisienses ele esteve à vontade tanto quanto um peixe fora d'água.

A viagem à França tinha esgotado Dom Bosco. Assim, a 13 de julho, ele recebeu sem demonstrar grande entusiasmo o conde Joseph du Bourg que vinha para o levar em outra expedição, desta vez para a Áustria. Além disso, no começo do mês, haviam chegado a Turim correspondências solicitando a Dom Bosco para orar pelo conde de Chambord, pretendente ao trono da França, que estava à morte em seu castelo de Frohsdorf. O partido legalista esperava por um milagre. Quatro séculos antes, são Francisco de Paulo havia aceitado ir, de um lugar muito afastado da Itália, para junto de Luís XI, que estava doente. Dom Bosco deixou-se convencer e foi até lá. Partiu de Turim em companhia de Du Bourg e de seu fiel companheiro padre Rua e passou dois dias completos em Frohsdorf. Ao primeiro contato, contou Du Bourg, o príncipe que estava deitado em seu leito, transformou-se subitamente. "Meu querido", disse-lhe ele, "estou curado. Isso nada significa para mim, sei disso muito bem; escapei mais uma vez. O senhor é um santo, estou muito contente por tê-lo visto".

O castelo estava agitado. Era o dia de sua festa, de santo Henrique; o príncipe compareceu ao jantar festivo na noite. A melhora verificada persistiu por três semanas, antes da recaída definitiva. O conde de Chambord morreu no dia 24 de agosto de 1883, ou seja, um mês e uma semana após a passagem de Dom Bosco.

As palavras que Dom Bosco havia dirigido aos franceses convinha a todos, tanto aos legalistas monarquistas quanto aos republicanos moderados. Era necessário "regenerar" a sociedade, sobretudo por meio de uma sábia educação da juventude. Ele próprio dedicava-se com sucesso aos seus centros profissionais e agrícolas. Aquele padre não se contentava com considerações sem sentido do tipo: "Basta o céu"; ou aviltantes como: "É preciso conformarmo-nos: sempre haverá pessoas pobres". A revolução que perturbava a vida das pessoas não era a única solução para a questão operária.

No dia 2 de fevereiro de 1884, o bispo Dom Freppel, em um pronunciamento a respeito da "questão social" na câmara dos deputados, disse, de repente, em voz alta: "Sozinho, Vicente de Paulo fez mais para a solução dos problemas dos operários de seu tempo do que os escritores do século de Luís XIV; e, atualmente, na Itália, um religioso, Dom Bosco, que conhecemos em Paris, conseguiu maior êxito na solução da questão operária do que todos os oradores do parlamento italiano. Essa é a verdade incontestável. (*Muito bem! Muito bem! Apoiado.*)"

5. O adeus à Terra

O envelhecimento

Em maio de 1883, em Paris, quando a celebração religiosa da igreja do Santo Suplício havia terminado, Dom Bosco apareceu para a multidão curiosa, sob o pórtico, entre dois padres que o sustentavam pelos braços. Cinqüenta anos de trabalhos penosos e de preocupações tinham transformado o colegial atlético num ancião enfermo de sessenta e oito anos. O ano de 1884 foi para ele o começo de sua retirada. Em fevereiro, o frio úmido de Turim provocou uma bronquite que, durante alguns dias, acreditou-se seria mortal. Ela arruinou, definitivamente, seus pulmões já bastante frágeis.

Dom Bosco começou, então, a escrever numa simples caderneta uma espécie de testamento espiritual para seus filhos e seus amigos: salesianos, cooperadores e benfeitores. "Vosso primeiro superior está morto. Mas o vosso verdadeiro superior, Jesus Cristo, não morreu. Ele será sempre o vosso mestre, o vosso guia, o vosso modelo. Adeus, meus queridos filhos, eu vos espero no céu." O autor dessas linhas via seu túmulo ser aberto num futuro bem próximo.

No entanto, o velho lutador ainda não depusera as armas. Refeito da bronquite, ele partiu para arrecadar fundos em Provença. Os salesianos de Marselha aproveitaram sua passagem pela casa deles para fazer com que ele fosse consultar um famoso médico de Montpellier. O doutor Combal diagnosticou: "debilidade geral com anemia".

Antes de morrer, Dom Bosco queria a todo custo libertar sua congregação da tutela episcopal, que lhe tinha sido imposta pelo arcebispo Gastaldi. Os "privilégios" romanos lhe pareciam indispensáveis. Depois da morte de Pio IX, ele havia muitas vezes tentado, mas em vão, obtê-los da Santa Sé. Em 1884, vindo de Marselha e Nice, Dom Bosco foi a Roma. O cardeal-prefeito da Congregação dos Bispos e Religiosos encarregado desses problemas lhe era pouco favorável, e o papa Leão XIII pendia para o mesmo lado. Dom Bosco, muito contrariado, ficou aguardando, durante mais de dois meses, que uma audiência pontifical lhe fosse concedida. O papa o recebeu no dia 9 de maio. E, para sua surpresa e consolação, ele o tranqüilizou: "Nós vos concedemos tudo o que desejardes". Ele que, há seis anos, acreditava ser perseguido pelo Vaticano, ouviu o papa repetir: "Eu vos amo, eu vos amo, eu vos amo!". A insistência era um pouquinho irônica. Pouco importava! No carro que o levava de volta ao local onde estava hospedado em Roma após a audiência, ele confiou ao seu secretário Lemoyne: "Só isso é que eu desejava! Eu não agüentava mais!". O decreto da "extensão" aos salesianos dos privilégios dos redentoristas foi assinado a 28 de junho de 1884. Dom Bosco achava ter, daí em diante, desobstruído o caminho de sua congregação. A Sociedade de São Francisco de Sales sobreviveria depois dele, sem maiores dificuldades. Uma carta que ele enviou de Roma para Valdocco no dia 10 de maio sobre a caridade indispensável na educação constituiu, de alguma maneira, o seu testamento pedagógico: "Amai os jovens, que eles vos amarão, dialogai com eles, explicai-lhes vossas decisões".

Retirada e sucessão

Leão XIII havia encontrado um Dom Bosco extremamente cansado. Sua saúde, abalada, necessitava de repouso absoluto. Ele deveria ter ao seu lado uma pessoa capaz de seguir seu modo de agir. Em outubro, o cardeal de Turim, Alimonda, foi convidado por Roma para o persuadir a escolher um coadjutor ou mesmo um sucessor na direção de sua congregação. Dom Bosco aceitou e propôs o padre Miguel Rua como coadjutor-geral, com o direito de sucessão. Leão XIII, informado, aprovou a solução.

Mas, com sabedoria, Dom Bosco não se retirou. Ele jamais iria renunciar à alegria da plena responsabilidade por sua obra, e seus filhos e seus admiradores não iriam apoiar a sua saída. A saída de Dom Bosco só foi anunciada aos salesianos no dia 8 de dezembro de 1885, isto é, um mês após ter sido aceita por ele. Mas ela jamais foi total; salvo quando a doença o obrigava a ficar na cama (e ainda assim), ele continuava a presidir às reuniões de seu conselho superior. Terminado o ano de 1887, ele enviou um comunicado interno para ajudar seus missionários da América. Até o fim, foi dele a decisão a respeito da abertura e mudanças de suas instituições espalhadas pela Europa ocidental e pela América do Sul.

As gloriosas horas em Barcelona

Algumas viagens romperam a monotonia de uma semi-reclusão durante os três últimos anos de vida de Dom Bosco. A mais longa e gloriosa levou-o à Catalunha. Em 1881, a primeira casa salesiana espanhola foi fundada em Utrera, na Andaluzia. Uma outra veio em seguida, em 1884, em Sarriá, perto de Barcelona. Dom Bosco havia a partir daí conquistado ricos benfeitores na Catalunha.

Em 1886, ele deixou Turim, passou pela Riviera e depois por Côte d'Azur com a firme intenção de visitar seus novos amigos. Não lhe importou o fato de seus médicos dizerem que isso iria prejudicar ainda mais sua saúde. E, na noite de 7 de abril, em Marselha, na companhia de seu jovem secretário Viglietti e de seu coadjutor padre Rua, ele subiu no trem de Port-Bou. Os viajantes desembarcaram no dia seguinte na estação de Barcelona entre autoridades civis e eclesiásticas à frente de uma multidão ordeira. A imprensa havia noticiado a visita do religioso italiano que muito honraria a cidade. Os viajantes foram para a escola profissional de Sarriá a cerca de quatro quilômetros do centro de Barcelona.

Somente na Quinta e na Sexta-feira Santas (22 e 23 de abril), dias de recolhimento para toda a sociedade, Dom Bosco teve um pouco de paz durante o mês que passou em Barcelona. Ricos e pobres, patrões e operários afluíram cada vez em maior número a Sarriá para ali ouvir um conselho ou pelo menos receber uma bênção do taumaturgo. Os serviços especiais de trens a vapor continuaram a funcionar entre Barcelona e Sarriá. A multidão era tal no início do mês de maio, que os salesianos que organizavam as audiências resolveram fazer entrar os visitantes em grupos de cinqüenta na capela onde Dom Bosco os atendia. Alguns aguardavam do lado de fora dias inteiros. As pessoas sentiam-se felizes por terem recebido da mão dele uma medalha de Maria Auxiliadora. A repetição incessante da fórmula: "Deus os abençoe" foi o suficiente para cansar Dom Bosco. No dia 6 de maio, o jornal de tendência anticlerical *El Diluvio* publicou a respeito da peregrinação uma interessante correspondência de Sarriá: "Curioso como sou, dirigi-me na noite de quarta-feira — do dia 5 de maio — em direção ao convento dessa cidade para saudar nosso hóspede tão festejado. Encontrei uma imensa multidão que tivera a mesma idéia que eu. Havia pessoas de todas as classes sociais. Ricos senhores em seus carros luxuosos, operários e pobres, ansiosos por receberem mais uma bênção. Soube que muitos tinham vindo diretamente de seus trabalhos ao saírem da fábrica, fatigados e cheios de fé. Vi dois ou três enfermos que queriam aproveitar a ocasião para se curar sem receitas de remédios e que resistiam em retornar para suas casas, embora a noite já estivesse chegando".

Os católicos burgueses e ricos festejavam o religioso com o máximo de suntuosidade. A Associação dos Católicos ofereceu-lhe, na noite de 15 de abril, uma festa nos salões da Escola dos Operários. A travessia da cidade causou sensacionalismo. A presidência da associação chegou em traje a rigor com o peito ornado de condecorações na casa onde Dom Bosco se hospedava. Três carros puxados por magníficas parelhas de cavalos constituíram a parte principal do cortejo. O clero tinha, nesse

Estado católico, o direito de vir à frente das outras categorias. Dom Bosco, padre Rua, o coadjutor principal e o previgário da diocese vinham no primeiro carro; no segundo, o secretário Viglietti e o presidente da associação; e, no terceiro, diversos cavalheiros da já citada associação. Os carros avançavam a passos lentos e atraíam as atenções de uma "massa imensa de curiosos" (Viglietti). Toda a elite da cidade, nobres cavalheiros e damas da sociedade, umas duas mil pessoas, como faz crer o cronista salesiano, aguardavam Dom Bosco. Um "desfile suntuoso" saudou sua entrada; e ele foi colocado em um verdadeiro trono. Dom Bosco falou em uma voz apenas audível, mas manteve a serenidade:

— Esse jovem que se perverte em vossas ruas começará por vos pedir uma esmola, depois a exigirá, por fim a roubará de revólver em punho. É necessário educar os jovens para que sejam úteis à sociedade, jovens que espalhem bons princípios, que não acabem povoando as prisões e as masmorras, mas sejam, pelo contrário, exemplos vivos de princípios salutares!

Cinqüenta anos mais tarde, Barcelona seria um dos centros da resistência operária e republicana durante a terrível revolução espanhola de 1936-1939.

A festa do dia 30 de abril na igreja Notre-Dame de Belém devia constituir-se no ápice das manifestações de regozijo dos barcelonenses em honra a Dom Bosco. O cenário tinha todo o feitio que convinha a uma manifestação mais mundana que religiosa. A ornamentação daquele santuário barroco tornara-se conhecida pelo fato de encantar os olhos onde quer que eles pousassem. Não apenas pelos mármores, os enfeites bordados a ouro, as folhagens, as guirlandas, as conchas, o turbilhão de nuvens em gesso pintado e raios de luz em ripas douradas. As autoridades civis e militares tinham sido colocadas ao lado do altar; nas primeiras filas da nave, colaboradores e cooperadoras de Dom Bosco usavam trajes de gala. A igreja estava lotada. Havia sido necessário fechar as portas uma hora e meia antes do início da cerimônia. Do lado de fora, milhares de pessoas, controladas com dificuldade por policiais a cavalo, haviam tentado forçar a entrada. Dentro, era um "mar de cabeças", escreveu o secretário Viglietti, visto das galerias que rodeavam a nave. A cerimônia — bênção do Santíssimo Sacramento, cânticos polifônicos, discurso de um professor do seminário e execução da música de Rossini — foi esplêndida do começo ao fim. Dom Bosco abençoou a multidão em nome do sumo pontífice. O produto da coleta superou todas as expectativas. O montante logo publicado pela imprensa irritou até as pessoas "de esquerda", pouco acostumadas às generosidades da burguesia. Elas lamentavam "a facilidade que têm certas pessoas para dar dinheiro aos padres, elas que deixam morrer na miséria inúmeros e honrados trabalhadores, a quem esses 'magnânimos' voltam o rosto, quando eles ousam pedir sua colaboração para fins humanitários" (*La Democracia*, 3 de maio de 1886). Para Dom Bosco, com seu espírito incessantemente voltado para a construção da igreja do Sagrado Coração de Jesus de Roma, essas generosas ofertas lhe foram motivo de enorme prazer.

Dom Bosco retornou a Turim fazendo uma viagem em pequenas etapas pela França: Montpellier, Valence e Grenoble. Estava extenuado de recepções, discursos, audiências e de horas em estradas de ferro. O arrebatamento religioso dos habitantes de Grenoble, que, na praça São Luís, queriam a todo custo que ele tocasse os crucifixos, medalhas e rosários que tinham trazido, lhe valeu uma "piedosa flagelação", segundo a expressão de padre Rua no processo de canonização.

O fim de Dom Bosco

As forças de Dom Bosco diminuíram mês a mês durante o ano de 1887. Com exceção das exaltações festivas, o ancião de feições abatidas, pescoço curvado pela fadiga e pela doença, membros enfraquecidos, permanecia quase sempre sentado em uma cadeira na qual um fotógrafo de Barcelona tirou uma fotografia em 1886. Um ano depois, ele ainda teve o prazer de assistir à consagração da igreja do Sagrado Coração em Roma, enfim terminada, aliás totalmente paga. Durante uma audiência excepcionalmente calorosa, Leão XIII lhe agradeceu e felicitou. Dom Bosco pôde celebrar a missa no altar de Maria Auxiliadora da nova igreja. A debilidade da velhice o impediu então de reter suas lágrimas. Elas brotaram durante o Santo Sacrifício. Ele reviu-se criança na humilde propriedade rural de sua mãe; reviveu o sonho que havia guiado sua existência e multiplicado sua coragem natural. A Virgem Maria lhe havia dito que "um dia ele compreenderia tudo", confidenciou ele a seu secretário. Soluçando, ele compreendia.

De volta a Roma, seu médico o encontrou em estado lastimável. "Ele não podia mais andar sozinho, de tanto que cambaleava ao caminhar". No entanto, o espírito continuava sadio naquele corpo enfermo. Em 1887, quando foi deitar-se para não mais se levantar, ele ainda falou longamente com o médico a respeito dos recursos da América do Sul, tendo como base um mapa colocado no corredor do seu quarto. A fraqueza o impedia de falar em público. Sua simples presença satisfazia seus admiradores. No dia 13 de outubro, ele foi levado, em companhia de padre Rua, ao parque Valentino de Turim para receber um grupo de operários peregrinos belgas e franceses que, em viagem a Roma sob a direção de Léon Harmel, fizeram uma escala em Turim. Os homens desfilaram um a um diante de Dom Bosco, que entregou uma medalha de Maria Auxiliadora a cada um deles, esforçando-se para acompanhar o gesto com palavras apropriadas.

"Em novembro de 1887", escreveu o seu médico Albertotti, "todos os seus distúrbios cardiopulmonares e renais se agravaram. A fraqueza de sua espinha dorsal era tal que ele quase não podia manter-se em pé e devia necessariamente ficar deitado em seu leito." No início de dezembro, foi preciso que ele renunciasse a celebrar a missa. No entanto, na noite do dia 6 daquele mês, apesar de afônico e com as pernas quase imobilizadas, ele ainda assistiu à cerimônia de despedida dos seus missionários que partiam para a República do Equador. O pobre Dom Bosco arrastou-se até o coro da igreja de Maria Auxiliadora. Soluçava muito no santuário quando os que iam para o Equador vieram, um a um, beijar sua mão para uma separação definitiva na Terra.

Na noite de 7 para 8 de dezembro, uma visão foi decisiva para o destino da fundação em Liège. O bispo daquela cidade, dom Doufielous, presente na casa, a reivindicava. No dia anterior, o conselho geral salesiano, com a presença de Dom Bosco, havia opinado pela negativa. Mas a visão lembrara que Liège é a cidade da eucaristia. "É lá que eles (os salesianos) devem difundir a glorificação da Eucaristia em todas as famílias e em particular entre as numerosas crianças...". A obra de Liège seria iniciada em 1891.

A doença venceu a tenaz energia de Dom Bosco em duas fortes crises. No dia 21 de dezembro, de repente, seu fim parecia iminente. "Não tenho mais consciência de nada", confessaria ele logo depois. A aproximação da morte o assustava. "Eu disse aos outros que se preparassem para morrer, preciso que outros me digam a mesma coisa!" Que contas ele deveria prestar a Deus? O cardeal Alimondâ, que o ouviu fazer essa pergunta, esforçou-se por tranqüilizá-lo. Dom Bosco teria uma morte exemplar. Na véspera do Natal, ele pediu ao seu secretário e enfermeiro Viglietti que examinasse suas roupas:

— Quero que as pessoas possam dizer: Dom Bosco morreu sem um tostão no bolso.

Sua morte se avizinhava cada vez mais a partir do dia 22 de janeiro de 1888. Estendido em seu leito, imóvel, ele sofria, mas não se queixava. No dia 27, começou a delirar. Ele ordenava a seus discípulos: "Avante! Avante!". Chamava sua mãe, não se sabe se a dos céus ou a da Terra. Nos momentos de lucidez, os que se encontravam à sua cabeceira ouviam seus últimos desejos: "Faz-te amar", disse ele a padre Miguel Rua, que o sucederia.

Na segunda-feira, 30, no dia seguinte à festa de são Francisco de Sales, quando a agonia de Dom Bosco havia-se tornado excepcionalmente calma, formou-se uma longa fila de salesianos da casa, de salesianos de obras vizinhas, de jovens da escola e de benfeitores que acorreram ao saberem do seu estado de saúde. Ele tinha um crucifixo sobre o peito, o braço direito paralisado, o braço esquerdo pendente. Aquelas pessoas beijaram, como uma forma de adeus, sua mão de dedos ásperos de camponês.

Por fim, a morte apoderou-se de Dom Bosco na noite do dia 30 para o dia 31. Ele arquejava e respirava com dificuldade. À uma hora da manhã, os salesianos da primeira hora ajoelharam-se para receber sua última bênção. Padre Rua ergueu suavemente o braço dele e pronunciou as palavras rituais. Perto das quatro horas, a respiração tornou-se irregular. Alguns dos presentes, chamados com urgência ao quarto do enfermo, estavam ajoelhados, quando um deles, observando bem o moribundo, exclamou: "Dom Bosco está morto!". Eram quatro horas e quarenta e cinco minutos do dia 31 de janeiro de 1888. Dom Bosco tinha setenta e dois anos.

O Angelus soava no campanário da igreja Maria Auxiliadora. Ele anunciava o que os martirólogos antigos chamavam de "nascimento para o céu" daquele a quem a devoção religiosa popular deu, a partir daí, o título de: são João Bosco.

O crucifixo da agonia de Dom Bosco.

A família religiosa de Dom Bosco

Na ocasião da morte de Dom Bosco (1888)

Quando Dom Bosco morreu, a Sociedade de são Francisco de Sales contava com 774 religiosos professos e 267 noviços distribuídos por 57 centros na Europa (Itália, França, Espanha e Inglaterra) e na América do Sul (Argentina, Chile, Uruguai, Brasil e Equador). As Filhas de Maria Auxiliadora, em número de 313, estavam distribuídas por 50 centros (Itália, Espanha e Argentina).

Em 1991

Um século depois, a Sociedade de São Francisco de Sales contava com 16.995 religiosos professos e 647 noviços instalados em 1.636 centros nos cinco continentes.

Na Europa, 8.947 religiosos e 725 centros, principalmente na Itália (3.556 religiosos), Espanha (1.618), Polônia (1.154) e França (353). Na América, 4.522 religiosos em 587 centros, principalmente no Brasil

(860 religiosos), na Argentina (803), no México (384), na Colômbia (360) e nos Estados Unidos (345). Na Ásia, 2.622 religiosos e 209 centros, sobretudo na Índia (1.627 religiosos) e nas Filipinas (297). Na África, 780 religiosos e 103 centros em 34 países. Na Oceania, 124 religiosos e 12 centros.

Em 1991, foram recenseadas no Instituto das Filhas de Maria Auxiliadora 16.471 religiosas professas e 531 noviças instaladas em 1.558 centros, disseminados igualmente pelos cinco continentes.

Na Europa, principalmente na Itália, na Espanha e na Polônia. Na América, sobretudo no Brasil, na Colômbia, na Argentina e no México. Na Ásia, particularmente na Índia. Na África, com um total de 298 religiosas. Na Oceania, com 37 religiosas na Austrália.

Cronologia

1815 Nascimento de João Melquior Bosco em Castelnuovo d'Asti, no Piemonte (16 de agosto).

1831 João Bosco matricula-se no colégio de Chieri.

1835 João Bosco torna-se seminarista em Chieri.

1841 Ordenação sacerdotal de João Bosco (5 de junho). Ele prosseguiu sua formação pastoral no colégio eclesiástico de Turim.

Encontro com Bartolomeu Garelli (8 de dezembro).

1846 O oratório de Dom Bosco consegue se fixar em Valdocco, na periferia de Turim.

1859 Fundação da Sociedade de são Francisco de Sales (19 de dezembro).

1862 Votos sacerdotais públicos dos vinte e dois primeiros discípulos (14 de maio).

1868 Consagração da igreja de Maria Auxiliadora em Turim (9 de junho).

1872 Fundação do Instituto das Filhas de Maria Auxiliadora.

1874 Roma aprova as constituições da Sociedade de São Francisco de Sales (12 de abril).

1875 Partida para a Argentina dos primeiros missionários salesianos (11 de novembro).

1883 Viagem de Dom Bosco a Paris e Lille (abril-maio).

1888 Morte de Dom Bosco (31 de janeiro).

1934 Canonização de Dom Bosco (1º de abril).

Bibliografia

A narrativa dos primeiros anos de vida de Dom Bosco foi extraída de suas *Memorie dell'Oratorio di S. Francesco di Sales,* que foram publicadas pela primeira vez em 1946.

A outra parte da biografia baseia-se quase que exclusivamente nas pesquisas de F. DESRAMAUT, *Études préalables à une biographie de saint Jean Bosco*, Lyon, Casa provincial dos salesianos. Resultaram em nove fascículos com cerca de 250 páginas cada. Cinco deles foram publicados em 1992. Cada fascículo refere-se a um período da vida do santo, do nascimento à sua morte.

Sumário

1. A juventude 5
   O colegial acrobata 5
   Um jovem camponês obstinado 7
   Um estudante esperto 16
   João Bosco no seminário 20
   "Ensinar a ser padre" 25

2. O apóstolo de Valdocco 31
   O capelão de Santa Filomena 31
   O oratório ambulante 33
   Uma moradia fixa 37
   Travessia da turbulência 42
   A expansão da casa do oratório
      São Francisco de Sales 47

3. O fundador 51
   A assembléia de fundação 51
   As "investigações" de 1860 52
   Os primeiros salesianos 56
   Diabruras 59
   Primeiras filiais 61
   Uma nova igreja 63
   O reconhecimento por parte de Roma da
      Sociedade de São Francisco de Sales ... 66
   Os colégios de Dom Bosco 70
   Por ocasião do Vaticano I 72

    Um estabelecimento de ensino feminino .. 76
    "Dom Bosco, suas constituições
       estão aprovadas!" 78
    Os colaboradores salesianos,
       membros externos da congregação 84

4. Para além das fronteiras 87
    A opção pela Argentina 87
    Nice e Provença 92
    O primeiro capítulo-geral dos salesianos .. 97
    Dom Bosco, o reformador 99
    Leão XIII e a igreja do Sagrado Coração
       em Roma 107
    O caso dos libelos 108
    E Dom Bosco atravessa a França 113

5. O adeus à Terra 121
    O envelhecimento 121
    Retirada e sucessão 123
    As gloriosas horas em Barcelona 124
    O fim de Dom Bosco 129

A família religiosa de Dom Bosco 135
    Na ocasião da morte
       de Dom Bosco (1888) 135
    Em 1991 135
    Cronologia 137
    Bibliografia 139

Rua Dona Inácia Uchoa, 62
04110-020 – São Paulo – SP (Brasil)
Tel.: (11) 2125-3500
http://www.paulinas.com.br – editora@paulinas.com.br
Telemarketing e SAC: 0800-7010081